“九一八”全记录

JIUYIBA QUANJILU

图文版

赵杰＼编著

中国文史出版社

图书在版编目（CIP）数据

“九一八”全记录 / 赵杰编著. —北京：中国文史出版社，2017.3

ISBN 978-7-5034-9248-8

Ⅰ. ①九… Ⅱ. ①赵… Ⅲ. ①九·一八事变—史料
Ⅳ. ①K264.206

中国版本图书馆 CIP 数据核字（2019）第 273231 号

责任编辑：王文运　　　　装帧设计：欧阳春晓　王　琳

出版发行：中国文史出版社

社　　址：北京市海淀区西八里庄路 69 号　　邮编：100142

电　　话：010－81136606　81136602　81136603（发行部）

传　　真：010－81136655

印　　装：北京温林源印刷有限公司　　邮编：102445

经　　销：全国新华书店

开　　本：787mm × 1092mm　1/16

印　　张：16.75

字　　数：232 千字

版　　次：2020 年 5 月北京第 1 版

印　　次：2021 年 10 月第 2 次印刷

定　　价：48.00 元

第一版序

胡玉海 *

在我与赵杰的接触中，包括参加国内外学术会议和个别交谈，他多次强调史学研究不要只做“一个史学家写给另外一些史学家”的工作，史学应当面向大众。赵杰不仅有这种历史责任感，而且身体力行。这部《“九一八”全记录》就是以纪实的笔法，再现了 1931 年日本发动九一八事变血与火的历史。

《“九一八”全记录》一书是通过日本《大阪朝日新闻》出版的一套号外，记录日本关东军自 1931 年 9 月 18 日至 1932 年 1 月 3 日侵占中国东北的全过程。该书从日军进攻沈阳的北大营、占领沈阳城起，到掠取吉林、齐齐哈尔、锦州止，反映了军队调动、军队数量、武器装备及作战情况。无论是从日本发动侵华战争的角度，还是从九一八事变史研究的角度，这都是一个完整的时间段。

* 胡玉海，辽宁大学历史学院教授，张学良暨东北军史研究会顾问。

在这段时间内，关东军利用中国政府的“不抵抗”政策，实现了迅速扩大占领的目的。《“九一八”全记录》填补了抗战史资料的空缺，对于揭露日本侵华罪恶和这段历史研究有独特价值，在中国人民抗日战争胜利60周年之际出版更具有特殊重要的意义。

20世纪80年代，赵杰曾任抚顺市文化局副局长，后长期担任辽宁省政协文史委员会副主任、巡视员，是一个真正意义上的官员。但他却长期从事文史资料的征集、调查和研究工作，这或是工作业务的原因，或是个人的志趣使然，也可能是使命感召唤，使他长期以来一直对历史研究工作不弃不舍，孜孜不倦。

特别是这部《“九一八”全记录》，是他于去年7月间，到西北收集史料时突然患脑梗塞，医院诊断“失语”后，在治疗恢复期间完成的。他在住院期间，我偕夫人去看他，发现这位谈吐如流、机智幽默的大师，交谈只能靠辅笔墨写来帮助才能完成。就是这样，他一个人住的病房里，到处还是堆满了图书和资料。对于一个笔耕者来说，更严重的是有些常用字虽然会发音，但他却不会写了。他一方面凭着顽强的毅力，对自己进行强制性恢复；一方面靠家人的帮助，还是赶在抗日战争胜利60周年前，完成了这部《“九一八”全记录》。据悉，他同时完成的还有一部《起来》，反映了东北义勇军抗日的英勇历史。我既感动，又敬佩。

赵杰在最近几年里先后出版了历史纪实《国歌的故事》《张学良去台之后》《留住张学良——赴美采访实录》《张学良多彩人生》《情奉张学良》等著作，结合文史工作主编了《辽宁省文史资料精粹》《血肉长城——义勇军抗日斗争实录》等大型资料图书。他在东北近现代史尤其是在张学良、九一八事变、东北义勇军抗战等系统性研究中，既注重资料挖掘，又重视观照现实，其成果不仅具有学术价值，而且具有很强的现实意义。

丰硕的研究成果和史学研究的高度热情，不仅使他成为国内外众多史学界同行的朋友，而且还被辽宁大学、西北大学聘为兼职教授，被辽宁省社会科学院聘为特邀研究员，多次被推举主持国内外相关内容的学术交流和研讨会。正是这种注重史料挖掘的求实态度和有众多史学界朋友的条件，他能抱病完成这部《“九一八”全记录》，就不奇怪了。

《“九一八”全记录》一书，是以《大阪朝日新闻》发行的一套29份号外（包括图片）为基本内容，进行注解、考证、揭露和批驳。同时为了说明问题，赵杰在有些方面还对历史背景做了追述。这套完整的《大阪朝日新闻》号外，其史料价值十分珍贵。文字资料多为首次公布于众，其中有许多史实是鲜为人知的，如通过战机向日本国内送回战况报道，为激励关东军侵占中国东北还专门编写了《满洲进行曲》等。“进行曲”的歌词，是以强盗的扩张理论“保住生命线”为主旨。这对人们认识和揭露日本军国主义，是再好不过的教材。

九一八事变是中国现代史上的重大事件，国内外关于这方面的资料、著述和文章研究成果颇多。然而，以图文并茂的形式，专门记录日本关东军自1931年9月18日夜起到1932年1月3日占领锦州这一时间段的历史，这是第一部。《“九一八”全记录》的出版，无论是对九一八事变研究的深入，还是对日本军国主义的揭露，都具有重要的价值和意义。

赵杰作为官员兼职史学研究者，是因为好学深思和刻苦钻研精神，才取得了这样的成绩。

我愿他继续发扬刻苦钻研的精神，为祖国的历史文化事业做出更大的贡献。作为朋友，我还愿以此与赵杰共勉。

2005年6月16日

新版序｜守望历史　记录真相

范丽红[*]

我因张学良研究而与赵杰相识20多年，一直视其为可敬、可亲的领导和师长。他虽官居高位，却于政务繁忙之余，孜孜以求，潜心于“九一八”、张学良等多个历史领域的研究，取得了诸多学术成就。

尤为令我钦佩的是，他无论从事哪一领域的研究均“不甘逐队随人，而为牛后”，力主独辟蹊径，注重学术研究中的创新和立新，所以他的作品常常给人耳目一新之感，且填补空白。

不仅如此，也许是源于多年从事政协文史工作的缘故，他在研究中十分注重史料的挖掘、整理和运用，并善于在人所常见而不以为然的史料中，正本清源，从而取得学术上的突破，独领学术高地，拥有了独具个人特色的治学风格和学术魅力。

---

* 范丽红，“九一八”历史博物馆馆长。

赵杰作为官员中的学者和学者中的官员，在治史过程中，始终怀有高度的政治责任感和历史使命感。今年恰逢九一八事变85周年，在这一特殊的历史时刻，《“九一八”全记录》得以再版，回望“九一八”，无疑具有重要的历史和现实意义。

作为中国近代历史上最为屈辱和黑暗的一页，“九一八”给中国人民带来的损失和民族伤害是巨大的，是一段“难以抚平的耻辱烙印，是永远挥之不去的心底阴影，是常常令人惊悚的梦魇”。

然而，自九一八事变当天，日本政府就极力歪曲、掩盖事实真相，直到今天，仍然不思反悔，千方百计地通过篡改历史教科书等方式，删除战争罪证，处心积虑地妄图为自己发动的侵略战争翻案。一些日本政要更是不顾世界舆论，无视中国人民乃至亚洲人民的情感，多次参拜靖国神社，打着和平的幌子强行修改战后和平宪法，表现出挑战历史的盲动和狂妄。

“墨写的谎言掩盖不了血写的事实”，历史不会因时代变迁而褪色，事实也不会因巧舌抵赖而消失。对“九一八”的历史做出令世人信服的证明，才是防止历史上的加害者、失败者为了掩盖自己的丑恶和罪行，或为了东山再起而对历史进行故意歪曲的最有力方式。

《“九一八”全记录》就是这样一部以“让历史说话，用史实发言”方式有力回击否认战争者，揭露日本侵华事实真相的历史篇章。

《“九一八”全记录》以九一八事变后日本发行的《大阪朝日新闻》29期、58版号外为基本文献，撷取了从1931年9月18日日本发动九一八事变到1932年1月3日占领锦州这段具有特殊历史意义的时间段，以图文并茂、纪实与考证相结合的手法，将碎片式的新闻报道，串联成一部有细节、有情状、有过程的完整历史，真实记录了自九一八事变后，在长达3个多月、108天的时间里，日本关东军先后攻占辽、吉、黑三省的全过程，“拓留下日本发动九一八事变的历史”以及“罪证的自白和写真”，具有重要的史料价值和填补“九一八”历史研究空白的学术价值。

长期以来，九一八事变作为影响中国乃至世界近代历史进程的重大历史事件，一直是国内外学界研究的热点和焦点问题，学术成果颇丰，但以宏观大课题为多，对于一些诸如事变发生的具体时间、地点、经过等微观的历史细节关注不多，更没有深入细致的学术回顾与梳理，同样对日本原始资料、档案的整理研究也是薄弱环节。《"九一八"全记录》恰恰弥补了上述不足。

作为一位资深的"九一八"历史研究学者，赵杰没有选择研究长时段的历史过程，而是紧紧依靠《大阪朝日新闻》号外，以独特的微观视角、真实的第一手史料，完成了对九一八事变宏大命题的深入考证。不仅有文、有图、有真相，还有作者的考证与追述。

作者还以寻真解惑、质疑重估等严谨的治学态度，去伪存真、以理力争地对《大阪朝日新闻》中的一些不实报道、谎言，引用大量的史料一一予以驳斥和论证，对有些曾经的历史误读进行了重新考证，于细微之处，对真实的九一八事变做了全方位的透视、剖析、研究和历史呈现。并以忠实于历史真相的历史唯物史观，通过由小及大，由近及远，互为笺证的研究方法和学理考证，揭露了日本军国主义策划发动九一八事变是有计划、有预谋的历史真相。

我们常说历史研究的生命在于真实，而揭示真实的关键在于史料。《"九一八"全记录》最大的价值，在于它使尘封70余年的《大阪朝日新闻》"九一八"特别报道号外"重见天日"，世人得以重新"清晰地浏览那一篇篇再现历史的场景"，让当年《大阪朝日新闻》夜以继日以所谓"动人"的努力冒险飞行，分秒必争地向读者提供的第一时间、第一地点的新闻报道定格为日本侵华的铁证，留存下了可资利用的珍贵史料。

《"九一八"全记录》带给我们的是一次穿越时空的历史体验，一次回望历史、面向未来的重温，一次沉重而又畅快的阅读经历。全书集理性缜密的史学思辨与行云流水般的文学表达于互通共融中，虽有几分凝重，却绝无乏味之感，这正是作者集历史学家、文学家于一身的过人之处。也正因为此，"九一八"历史的记忆在他的笔下，才得以变得鲜活。

回望历史是为了更好地面向未来。当今世界，战争硝烟虽已散去，但危险仍在。坚定地守望历史，正确地书写历史是每一位史学工作者的神圣职责。因为，忘记耻辱，耻将不远，辱将即来！

期待有更多的学者如赵杰一般，成为“九一八”历史的守望者，真实历史的记录者！我也有志成为其中的一员！

仅以读书心得，是以为序。

2016年4月30日

目录

大阪朝日新聞 號外

此の號外は本紙に再錄しません

滿洲で日支兵衝突激戰

三方より總攻擊し奉天城內を占領す

全支那人は逃避し影を見ず

【聯合大連十九日發】我軍は奉天城大西邊門小西邊門および黃廟府の三方より攻擊を加へ十九日午前三時城門を陷入れ城內に侵入した城內の支那人全部避難し殆んどその影を見せぬ

北大營を占領

柳條溝の滿鐵線爆破

全く奉天兵の計畫的な

【奉天特電十八日發】十八日午後十時半奉天北郊三マイルの北大營の北側の滿鐵線の柳條溝を爆破し支那將校の指揮する三、四百名の支那兵が計畫的に我鐵道守備隊を襲擊したことに端を發し、我軍これに應戰し日支兵はつゐに開戰するに至つた、わが軍は午後十一時直ちに奉天駐屯第二十九聯隊及び鐵道守備隊に出動準備命令を發し十九日午前零時四十五分奉天駐屯大隊は軍事行動を開始し日下盛んに交戰中である、一方北大營では午前零時その西端を引つゞき攻擊し東端を占領し北大營は午前一時廿五分完全に占領した

【奉天特電十九日發】十九日午前零時北大營攻擊の日本隊は北大營西端を占領引續き攻擊をなして東端北大營は午前一時二十五分完全に占領した

わが總領事館の附近でも戰闘

【奉天特電十八日發】右と同時に奉天商埠地において總領事館附近でも支那軍と戰闘しつゝあり、これが奉天警察署は非常警戒につき滿鐵附屬地境界線商埠地區間の各武裝憲兵を配置し城內の邦人は滿鐵公所に引揚げた

奉天城內は大混亂

砲聲殷々と轟きわたる

公安隊と我警察隊も交戰

各銀行を占領す

撫順では公安

邦人保護に全力

滿鐵公

引　言

真理是一柄利剑。——中国

事实胜于雄辩。　——日本

中国和日本是一衣带水的邻邦，两国人民友好交往的历史源远流长，一直为世人所熟知、称道。早在两千多年前，中国文化就已开始传入日本。

中国，曾经给予日本文明以无私的馈赠，日中文化水乳交融，秦朝的徐福东渡、唐代的“遣唐使”……将中华文化的精髓不断播撒到日本的土地上。

“支那”本系“秦”之朝名或“瓷器”等物名的译音，古时曾用以指称中国。至19世纪末，日本人用此称呼中国。甲午战争后，“支那”一词在日本，就有了战胜者对于失败者的蔑意，并由中性词变成了贬义词。

从本文开篇所摘录的格言中即可见一斑，不难感到寓意与蕴含的一脉相承。至今日文中仍随处可见汉字的影子，而日本的许多古建筑仿佛是中国唐宋建筑的“翻版”，鉴真、晁衡等中日交流使者的英名永远镌刻在两国的史册上。

很遗憾的是，尽管历史是一张白纸，可以描画最美丽的图画，但是任你想成什么颜色，身后就染上什么颜色。因此，人类在不断续编的历史，决不会随意抹掉痕迹。

从那个月黑风高的夜晚，从这个在辽宁分省地图上都找寻不见的地方，曾记载了中国的历史为之改变，世界局势也为之震颤。

从某种意义上说，柳条湖承载了中国的屈辱与苦涩，抗争与呐喊。一个国家的耻辱和御侮，一个民族的痛楚和起来，凝结在这一个原本不起眼的地点上。柳条湖，你能承受如此之重吗？

半个多世纪以后，柳条湖那里的一块草坪，被修葺成酷似中国东北地区版图的模样。草坪上屹立起的一座形状如同打开的残损台历式的高大建筑，人们称为“残历碑”。

残历碑的“左页”上刻写着：夜十时许，日军自爆南满铁路柳条湖段，反诬中国军队所为，遂攻占北大营，我东北军将士在不抵抗命令下，忍痛撤退，国难降临，人民奋起抗争。

“右页”上面则是九一八事变当天的日历。如同历史再现，一目了然。

这是不忘历史的中国人民的一个创意，不能不说体现了设计者的智慧和独具匠心。

整个碑面，那斑斑弹痕交错构成的骷髅图案，似在述说着滴血的一页历史。

柳条湖永远不会从中国人民的记忆中消逝，那段历史已经在中国人的血液中凝固。然而，制造那场悲剧的日本人呢？他们会正视这个既熟悉又陌生的地点吗？

斗转星移，历史的车轮不停地飞转。从 1931 年那个沉沉的黑夜开始，柳条湖就开始了漫长的期盼。它很想听到一种声音，那是发自内心的、真诚的而不是虚伪的、肺腑的而不是敷衍的道歉与自责。

从 1931 年 9 月 18 日到 1997 年 9 月 6 日，历史的日历翻阅了半个世纪，柳条湖——这当日日本侵略者精心策划侵华战争的爆发地，终于听到了日本首相亲临其境表示的反省。

这一忍耐就是 66 年。

1997 年 9 月，日本第 25 任内阁总理大臣桥本龙太郎应邀访问中国。

北京人民大会堂，在欢迎仪式结束后举行的中日两国领导人会谈上，桥本明确谈到，广大日本人民要求和平，反对军国主义，这一决心是不会改变的。

桥本这样讲过之后，第二天中午12时50分，他乘坐的专机飞落到沈阳桃仙机场。15时40分，桥本的身影出现在九一八事变发生地。

猎猎飘扬的五星红旗下，桥本——这位第二次世界大战后首次访问中国东北的日本首相，神情肃然静立在残历碑前的广场上。他径直步入展览厅后，凝重的灯光下，解说员庄重地介绍着那滴血岁月，人们眼前浮现出当日那一幕幕罪恶的场景。

桥本走出陈列室，广场上的阳光很明亮。他来到早已准备下的桌案前，取笔蘸墨，在铺就的宣纸上写下：以和为贵。

他搁下笔，伫立在残历碑前，向中外记者表述了此刻的心境。他说："我们无论怎样健忘，也不能忘记历史。我们必须承受历史的重负。我本人就是怀着正视历史的愿望来到这里的，我们应该在这个基础上，加强中日关系，并面向未来。"

桥本的沈阳之行曾发生小小的插曲：随行桥本的40余位日本记者，一步入这块曾震惊世界的事变发生地疑窦顿生：日本史书中提及的"满洲事变"发生地"柳条沟"在哪里？不仅记者们摸不着头脑，就连矜持的随行官员也忍不住地悄然询问：柳条沟在哪里？柳条湖在哪里？

他们就地名地貌问题提出了咨询。柳条湖、柳条沟，一字之差，引发了不小的争论，众说纷纭，莫衷一是。半个多世纪以来，日本方面的史书中都是沿称"柳条沟"，影响实在广泛。甚至有人认为，事变发生地是空虚杜撰。

日本著名史学家关宽治、岛田俊彦所著的《满洲事变》一书中，把"九一八"当晚发生的事情称为"柳条沟事件"，中译本沿用了这一称谓。由此可见，长期以来，不仅是日本方面以讹传讹，就连中国的很多学者也搞不清"柳条沟""柳条湖"孰是李鬼！

典籍和老沈阳人都可以作证：在沈阳北郊的那块土地上，只有一处叫

"柳条湖"的地方，从来没听说什么柳条沟。

关东军司令本庄繁在1931年9月18日日记里，也记有"柳条湖事变"字样。

无论是奉天城的老地图，还是沈阳市不同时期的地图，都没有显示出"柳条沟"这个地名。柳条沟似乎是伴随着"九一八"而生，无一例外的是与日本人联系在一起。

在沈阳北郊，有一个叫柳条湖的地方，是一个宁静淳朴的小村，这里曾有一条清澈的小河经过，后来只剩下几处水泡子。据说最初是因湖面形似柳条状而得名。湖泊早已消失，地名却一直延续下来。九一八事变之前，村子仅有四五十户人家，这个东北普通的村庄，有酿酒烧锅、香铺坊、小学校，说得上安常处顺。

现在，村里的老辈还说得出，当年村子西边有一条铁路，每天都见一车一车东北的大米、木材、煤块，就是通过这条铁路运往日本。

日本关东军关心这铁路，更窥视村子东面的兵营，那是中国东北军的北大营。

日本关东军为了制造借口，把南满铁路和北大营联系在一起，九一八事变之夜，精心策划铁路爆破地点，就是柳条湖。

如今，柳条湖处在沈城的交通要地，立交桥横贯南北，车水马龙。然而，喧嚣和繁闹都无法冲淡历史深处的痛苦伤痕。

有文章考证，关东军发动九一八事变后，9月19日，东京朝日新闻社驻奉天通讯局，发给总社第一封电报稿中，把爆破地点柳条湖错称为"柳条沟"，据此，日本各大报纸当天抢发的消息一概据此误刊，如此一错再错。于是，有人把这个莫大的历史误会，追根溯源是由于一个糊涂的通讯局或报社当事人！

也有史料披露，早在挑起事件前，日本关东军就制定出了一个周密的《柳条沟计划》，是蓄谋侵占中国东北的战争而先发制人的作战计划。那么也就是说，事变前，"柳条沟"已经在某个小圈子里被命名了。

无论是由于第一封电报造成的以讹传讹，还是因为有预谋，总之日本无条件投降后，远东国际军事法庭对策划并发动九一八事变战犯的《判决书》，也据此沿用了“柳条沟”的称谓。

前些年日本出版历史教科书时，有意掩饰不可回避的谬误，用了这样的语句：“昭和六年（1931 年）九月，再也沉默不下去的部分关东军独自行动炸毁柳条沟（当时为柳条湖）附近铁路。”何为“再也沉默不下去”？何为“部分关东军”？何为“独自行动”？字里行间，充斥着对历史极不负责任的态度。

总之，柳条湖与柳条沟的讹传，以后还会在某种程度上持续下去，好在这不会影响人们对那段历史的追忆。

历史可以很短，九一八事变，就是在一个夜里，瞬间发动了。

历史可以很长，那场战争的罪恶，伴随人类的存在，古老永恒。

《朝日新闻》是日本的三大综合性报纸之一，于 1879 年在大阪创刊，称《大阪朝日新闻》，初期以“不偏不党”为办报方针。由于报纸发行量的增加，1888 年又在东京出版了《东京朝日新闻》。就这样，两地的《朝日新闻》有如一母双子，登载的文章内容虽然有所不同，但报纸风格十分相似，这种局面一直维持到 1940 年合并为一体的《朝日新闻》。

从九一八事变后的第二天，即 1931 年 9 月 19 日开始，到关东军 1932 年 1 月 3 日占领锦州为止。此时，标志日军已实现了对东北的全面占领。据统计，这套号外面世总共 29 期、计 58 版，累计刊发了 5 万余字报道并配有 210 张图片。

如果将《大阪朝日新闻》号外视为对“九一八”新闻报道的历史一页，那么掸去积聚在上面的尘封，可以清晰地浏览那一篇篇再现历史的场景。

《大阪朝日新闻》号外第一张上抢发九一八事变新闻，即相当创刊号，在对开两版的第二版上，竟然有三分之一是空白。可见也许忙乱，也许忙碌，也许忙于发排。《大阪朝日新闻》第三号外即昭和六年九月二十一日

在大阪练兵场，迎接大阪朝日新闻社的飞机从战线归来，该义勇第四号被誉为卓越功勋。图中：（中）新野飞行士、（右）富泽机关士、（左）仙野机关士。

（二）有 6 张照片，接续在下一期上曾重发，因此号外配发的 210 张图片，实有 204 张。

在《大阪朝日新闻》第二号外上，对这一专题报道的认真性做了具体介绍。只要截取片断，就可以看出报道的风格：

《大阪朝日新闻》号外　昭和六年九月二十日

"隔日本海，本社五架飞机快速飞翔！"

"为提供新闻照片，做出超人的努力！"

于突发日支兵冲突事故的同时，本社航空部马上开始着手了派特派员空动照片的活动。——五位飞行员分秒必争地向读者们提供冲突现场实况的照片，夜以继日以动人的努力做了冒险的飞行，取得了超预期的好成绩。

这里，有人赞叹他们的“超人”努力，誉为“卓越功勋”。但经过历史的定位，肯定的是报道的谎言的“真实”性，有如题记中引用的日本格言:“事实胜于雄辩。”

时至今日，这套号外可以说图文并茂地全程记录了九一八事变这一过程。号外从爆破地点的“沟”字一错开始，就拓留下日本发动九一八事变的历史，白纸黑字可谓是罪证的自白和写真，也有如题记中引用的中国格言:“真理是一柄利剑。”

大阪朝日新聞

號外　昭和六年九月十九日

此の號外は本紙に再錄しません

滿洲で日支兵衝突激戰

三方より總攻擊し奉天城內を占領す

全支那人は逃避し影を見ず

【聯合大連十九日發】我軍は奉天城大西邊門小西邊門および黃廟府の三方より攻擊を加へ十九日午前三時城門を陷入れ城內に侵入した城內の支那人全部避難し殆んどその影を見せぬ

北大營を占領

全く奉天兵の計畫的な柳條溝の滿鐵線爆破

【奉天特電十八日發】十八日午後十時半奉天北郊三マイルの北大營の北側の滿鐵線の柳條溝を爆破し支那將校の指揮する三、四百名の支那兵が計畫的に我鐵道守備隊を襲擊したことに端を發し、我軍これに應戰し日支兵はつゐに開戰するに至つた、わが軍は午後十一時直ちに奉天駐屯第二十九聯隊及び鐵道守備隊に出動準備命令を發し十九日午前零時四十五分奉天駐屯大隊は軍事行動を開始し目下

【上】邦人の引揚げた滿鐵公所【下】日本總領事館

盛んに交戰中である、一方北大營では午前零時その西端を占領し引つゞき攻擊し東端を占領し北大營は午前一時廿五分完全に占領した

【奉天特電十九日發】十九日午前零時北大營攻擊の日本軍本隊は北大營西端を占領引續き攻擊をなして東端を占領北大營は午前一時二十五分完全に占領した

【奉天特電十九日發】十九日午前一時二十五分北大營を攻擊した部隊の一部は頑强に抵抗中の彈藥庫守備中の支那軍に向ひ猛烈な攻擊を開始した

【奉天特電十九日發】十九日午前零時四十五分に奉天駐箚隊第○大隊一個中隊は工業區衞隊、迫擊砲廠に向ひ軍事行動を開始した

【陸軍省着電】十八日午後十時半ごろ奉天北方の北大營の暴戾なる支那軍滿鐵線を破壞したるためかけつけたわが守備隊の一部こ衝突せる在奉天獨立守備隊第二大隊は現地に向つて出動せり

【聯合奉天十九日發至急報】今回の大事を勃發せしめたのは奉天軍の精鋭たる第七旅で旅長は王補哲といひ青年氣鋭の男である、わが軍部の發表によれば事件の發端は十時四十分北大營の支那正規兵四百名が突如滿鐵の鐵橋破壞を企てたるためわが兵はこれを擊退するため戰鬪を開始するにいたつたものである

支那人の附屬地侵入を極力警戒中

交通全く杜絕

わが總領事館の附近でも戰鬪

【奉天特電十八日發】右こ同時に奉天商埠地においても日本總領事館附近でも支那軍こ戰鬪しつゝあり、これがため我奉天警察署は非常警戒につき滿鐵附屬地境界線商埠地區間の各道路に武裝憲兵を配置し城內の邦人は滿鐵公所に引揚げた

奉天城內は大混亂

砲聲殷々と轟きわたる

【聯合奉天十九日發至急報】いよ〱奉天城は交戰狀態に入り城內大混亂し來れるをもつて城內及び商埠地に在る邦人に對し我官憲は全部引揚命令を發した、目下砲聲殷々として轟きわたつてゐる、奉天驛より貨車に我兵を滿載し北大營に出動した

公安隊と我警察隊も交戰

【奉天特電十九日發】十九日午前一時半奉天郊外西塔の支那側公安隊と日本側警察署員が衝突砲火を交へ二時半に至るも交戰中

各銀行を占領す

【奉天特電十九日發】日本軍は城內並に滿鐵附屬地の東三省官銀號並に交通銀行等の支那側金融機關を全部占領した

城內邦人は滿鐵公所に引揚

總領事館の命令で

【奉天特電十九日發】奉天城內在住邦人は總領事館の命令で午前二時十分より城內の滿鐵公所に引揚げを開始した

邦人保護に全力を

【聯合奉天十九日發至急報】奉天警察署は全員をあげオートバイ、自動車及び自轉車等に武裝警官を乘せ全國の居留民保護に全力をそゝぎつゝあり、總領事館は守備隊によつて嚴重に守備されてゐる

撫順では武裝解除

公安局、縣政府を包圍し

【奉天特電十九日發】十九日午前二時撫順在留の日本軍の防備隊は公安局、縣政府を包圍し武裝を解除した

支那軍も增兵

【聯合奉天十九日發至急報】我軍は十九日午前零時半完全に北大營を占領したが支那軍は刻々增兵し來たり形勢樂觀を許さぬ

【奉天特電十九日發】北大營方面の支那軍隊は午前三時半にいたるもなほ猛烈に大砲をもつて日本軍を砲擊し、盛んなる抵抗を開始し猛烈なる戰鬪が開始された

支那側の兵力は

二萬二千六百名

【奉天特電十九日發】奉天における支那側の兵力は日本軍が占領した北大營、東大營その他を合せ一萬八千八百名であるが、これに三千三百の巡警を加へれば合計二萬二千六百名である

關東軍司令部から命令

【聯合大連十九日發至急報】奉天における支那兵の日本兵襲擊事件の急報に接した關東軍司令部では直に左の如く善後處置を命令した

一、奉天駐箚部隊は稻見中佐統率のもこに附屬地の治安維持に任ずべし

一、駐箚二十九聯隊は支軍援助の目的を以て奉天商埠地の支那兵を掃蕩すべし

長春附近で日支兩兵衝突

南嶺、寬城子で激戰

【長春特電十九日發】長春の近く南嶺および寬城子における支那兵武裝解除すべく前進した我が兵こ支那兵こは遂に衝突し目下兩地において共に激戰中

憲兵本部も增援

【奉天特電十九日發】關東軍司令部憲兵本部長二宮少將は增援憲兵隊を率ゐて奉天に急行こ決定した

支那側の暴擧から

花谷少佐語る

彈藥の補給

朝鮮軍から

安東守備隊

出動準備

意氣沖天

各駐屯軍

海城からも急派

支那巡警

一掃

日本軍の攻擊中止

を嘆願す

南陸相

首相に報告

=裏面へつゞく=

1931年9月19日《大阪朝日新闻》号外（一）。

（二）　大阪朝日新聞

わが遼陽師團に出動命令を發す
支那兵も增援隊で盛んにわが軍に抵抗

【電通大連十九日發】支那兵の滿鐵線爆破と我守備隊襲撃は支那軍將校の率ゐる兵力より見れば明かに計畫的であることを立證される、支那兵は我軍の北大營占領と共に應援隊を派し抵抗を續けてゐる、本庄關東軍司令官は遼陽駐劄第二師團に出動命令を下し奉天に增援すること〻なつた

特別列車で急行

【聯合大連十九日發至急報】撫順守備隊は十九日午前十一分應援のため奉天に向け出動しまた鐵嶺守備隊は四十名を殘し全員午前二時三十分奉天に向つた

【遼陽特電十九日發】奉天の日支開戰のため遼陽師團は直ちに出動準備をなし、午前三時特別列車にて奉天に出發した、また步兵○○聯隊、野砲兵、旅順○○聯隊何れも三時を期し奉天に向つた

自警團を總動員

【奉天特電十九日發】十九日朝零時遼陽駐劄師團に出動命令下り、奉天に向け應援隊を急派することに決定した、奉天在住の青年團、自警團は十九日午前零時總動員され附屬地の警備についた

【聯合長春十九日發至急報】奉天における日支兵衝突の報に長春駐屯第三旅團司令部長谷部旅團長、大島四聯隊長、田代領事、武重警察署長など集合し極祕裡に協議中である、公主嶺守備隊はすでに奉天に向け出動した、また南嶺占領の目的で駐屯軍の出動を見る模樣である、長春警察署は全員を非常召集し午前二時三十分武裝警備についた、城內支那側との通信は全然聯絡杜絕した、一方孟家屯、范家屯など沿線各地附屬地警備のため臨時列車で續々軍隊の出動が開始された

關東軍司令部奉天へ
本庄司令官奉天へ急行

【奉天特電十九日發】十九日朝關東軍司令部は旅順より奉天に移さることに決し關東軍司令官本庄中將は十九日朝幕僚を從へ奉天に急行に決した

日本軍の進擊した奉天城內小西邊門

關東廳から警官二百名
奉天へ急行す

總領事館緊張
周圍は我軍嚴戒

北大營とは？
鐵嶺から急援

朝鮮の二師團に非常準備命令
緊張、對策を協議

暫く形勢を見る
一切の裁量は關東軍に任す
滿洲全體的の衝突は起るまい
わが陸軍の態度

突如深夜に——轟然たる音響
支那兵の鐵道爆破

奉天城內
下は繁華な四平街

1931 年 9 月 19 日《大阪朝日新闻》号外（二）。

(一) 大阪朝日新聞

大阪朝日新聞

第二號外

昭和七年一月四日

此の號外は本紙に再錄しません

我軍錦州入城の壯觀

長谷川・西橋・角野・河村・喜多特派員
錦州にて三日撮影

占據後の第一報

錦州・大阪間本社機空輸
酒井飛行士操縦・仙野機關士同乘

(上)錦州東大門上にて聲高らかに萬歲を三唱する羅南部隊(三日午前九時)

(下)威風堂々錦州へ入城する我騎兵隊(三日午前七時)

1932年1月4日《大阪朝日新闻》号外(一)。

大阪朝日新聞 （二）

錦州入城の日

【右上】依田○○長以下幕僚の錦州入り回らかに満議晶明×印依田少将

【右下】依田○○閣縮南○○の軍旗入城

【左上】騎兵○○隊悠々入城行進

【左中】我軍の装甲列車錦州驛に着く（本社中島機卒中撮影）

【左下】我軍の占據した錦州公安局（以上何れも三日撮影）

1932年1月4日《大阪朝日新闻》号外（二）。

第 一 章

九一八事变写真

谁隐瞒真实，谁就是欺骗自己。——中国

泥人经不起雨大，谎言经不起调查。——日本

黑暗里爆炸的“柳条湖事件”

1931 年 9 月 18 日，农历八月初七，沈阳已进入凉秋时节。

夜，时针指向 10 时 20 分。突然，沈阳北郊传出一声巨响，打破了原有的祥和与宁静。黑暗夜幕里爆炸的“柳条湖事件”，顿时震惊了整个世界。

这就是史称的九一八事变。

《大阪朝日新闻》号外　昭和六年九月十九日

“深夜突然隆隆音响　支那兵爆破铁路”

（奉天特电 19 日发）

18 日午后 10 时半，在奉天北方一角，冒着黑暗，响彻了隆隆大音响，惊醒了奉天在住日本人。这是日支兵冲突的烽火。

在我满铁铁路，文官屯、虎石台中间一点柳条沟处一地点上，大约 300 名支那兵安置了强烈的炸弹，爆破了我满铁线的一段。突发这件大事的同时，受到支那兵猛烈攻击的我方所属满铁守备队的监视兵及时报告虎

石台驻屯的河岛中队长，因而河岛中队长马上率兵乘军用列车迅速到达现场，这时粗暴的支那兵向着守备队猛烈开炮火。于是，奉天驻在的全体日兵下达总动员令。

谎言是踏入欺骗途径的第一步。

今天，读到《朝日新闻》号外上面的这段消息，不仅人们斥责日本人自己炮制的颠倒是非的弥天大谎，而且侵略者不打自招的自白，也发人深省。

撒谎的人只会使自己受辱。但若追究起“假新闻”的责任，也不能全推给没有参与策划阴谋的日本记者。

只要认真看看日本关东军在“九一八”的夜里做了什么，谎言就会不攻自破。

先看看下面两封电报，你就能找到日本记者夸大事实的原因。

在柳条湖传出爆炸声的一个多小时后，日本军部和关东军总部接到了这样一封电报：“18日午后10时半左右，于奉天北面的北大营两侧，暴虐的中国军队，破坏我南满铁路，袭击我守备队，同赶赴现场的我守备队某部发生冲突。”

随后，第二封电报又接踵而至，很明显是在炫耀战果：“北大营的中国军队炸毁我南满铁路，其兵力有三四个连，现已陆续逃回营房。”

《大阪朝日新闻》号外　**昭和六年九月十九日**

（陆军省来电）

18日午后10时半左右，由于暴戾的北大营支那军破坏了奉天北方的满铁铁路线，与赶来的我方守备队部分兵发生冲击。奉天独立守备第二大队已向发生战斗地点出动。

对于这一点，记者就在第一张号外上，抢先公布了“陆军省来电”。

彻夜紧张的陆军省，注视日中冲突的情报。

电报的发出者名叫花谷正，是九一八事变的策划人之一。时任日本驻奉天特务机关辅佐官，陆军少佐军衔。少佐，即少校，在军界不能算显赫。因此，花谷正在 9 月 18 日晚间发出的电报，是以特务机关长土肥原贤二的名义。

“中国军队破坏南满铁路。”“日本守备队遭到袭击。”中国军队爆破铁路的谣言，除了为了欺骗舆论，蒙蔽国际视听寻找借口外，还为关东军自身责任作解脱——事涉动用部队与别国作战。因 1919 年发布的《关东军司令部条例》中就规定：“……关东军司令官在发生紧急情况时，可独自决定动用部队行使武力，但应立即向陆军大臣的参谋总长报告。"

有第一时间从沈阳发出的电报可以作证，其后的很长时间，日本方面都是沿袭类似的口径进行宣传。似乎九一八事变是正当的自卫反击。然而时至今日，一些不明真相的日本人仍对日本军人炸毁铁路表示怀疑。

众口铄金，积毁销骨。就引起那场战争的"柳条湖事件"来说，就连二战后的远东国际军事法庭的审判中，都没能弄清铁路究竟是谁炸的。解铃还须系铃人。最后，花谷正也许是良心发现，在自己撰写的回忆录中揭露出事情的原委。

沈阳城近郊的东北军兵营——北大营，已经被浓浓的夜幕所笼罩。由日军河本末守中尉带领的数名部下，悄悄地接近了南满铁路柳条湖段。他们也害怕惊动北大营的官兵们，生怕阴谋被察觉。花谷正后来承认："他们以巡视铁路为名，一边从侧面观察北大营的兵营，一边选了个离兵营约800米往南去的地点。"

此前，他们已经选好了炸路地点，剩下的只是实际操作了。10时20分，河本一伙点燃了安放在铁轨接头的"骑兵用的小型炸药"。后来就是一声巨响。

谎言不能遮掩事实。美国政治家林肯说过："你可以欺骗多数人于暂时，你可以欺骗少数人于永久，但你不能欺骗多数人于永久。"

今天，大量的事实已经证明，"柳条湖事件"的真相无可辩驳。

《大阪朝日新闻》号外　昭和六年九月十九日

"对我辽师团下达出动命令"

"支那兵也派增援部队，猛烈抵抗"

（大连19日发）

根据支那军将官率领的兵力来判断，证明支那兵爆破满铁铁路及袭击我守备队是明显有计划的。我军占领北大营同时，支那兵派遣支援队继续在抵抗。

贼喊捉贼。

几乎是在爆炸声响起的同时，河本末守中尉一面用报话机向大队本部和奉天特务机关报告，一面命令部下向川岛中队长报告：“中国军队破坏南满铁路，正在战斗。”

随着炸药的点燃，按预谋埋伏的独立守备第二大队川岛中队长，跃身而起，发出了向北大营的中国驻军攻击的命令。在兴奋、喧嚣的呐喊声中，其他部队也都按计划进入各自地点，担负起警戒、联络和进攻任务。

一位事变时身在沈阳的东北军军人，后来在回忆那个晚上的情景时，用了十分贴切的两个字——“惊梦”。

日本兵营早已拆掉遮蔽炮身的铁棚。爆破声就是信号。标示好刻度的两门重炮，开始射击。这两门24厘米的榴弹炮，当初是存放在东京兵工厂中，用客船从神户运到大连的。向奉天转移时，用木箱遮盖炮身，伪装成大官的灵柩。另外，炮架和架框假称是石碑的基石和洗澡桶。

日本独立守备队假称要构筑游泳池，挖坑安装大炮底座。榴弹炮安装完毕后，其目标是瞄准北大营和东塔机场。日军为了准确地射击，曾几次按目标测定了距离和方向。甚至于预先在炮身上刻了刻度，一旦有事，只要开始射击，炮弹就会自动地到达目标。

与此同时，代理关东军司令官板垣征四郎大佐发出了战斗命令：

1. 令独立守备队第二大队扫荡北大营之敌。

2. 令步兵第二十九联队进攻奉天城。

……

日本人动手了。可号外里提到的“300名支那兵”，其实一个也没有。

既然在炸毁铁路的当时，中国士兵根本就不存在，那么号外中提到的“满铁守备队”受到中国军队的进攻，也就无从谈起。至于“向守备队猛烈开炮火”的细节，就更是信口雌黄了。

倒是做贼心虚的日本人为了制造“假现场”，在炸路现场有意摆放了

大阪朝日新闻社的飞机义勇号拍摄的遭日军炮火破坏的北大营。

三具所谓的“中国士兵的尸体”，他们由此诬陷是中国士兵炸毁了铁路，并以此为借口发动了对沈阳城的进攻。

其实，日本人视南满铁路为生命线，要发动侵略战争，还得倚仗这条铁路输送兵员、武器、给养和侨民。自己炸毁这条铁路，还真有点舍不得。而为了制造战争借口，又只好使出这个“苦肉计”。因此，铁路必须炸得“恰到好处”，既要达到目的，又不能使交通运输瘫痪。日本人可谓绞尽了脑汁。

《大阪朝日新闻》号外　昭和六年九月十九日

满铁车站正当从长春开过来的客车进站，造成了大混乱，居住附属地也出现了混乱状态。由于警察、青年团、自卫团、青年训练所等人齐出动，承当警戒，控制住动摇。

奉天在留的日本人受到了极度兴奋。

再看看号外中栽赃的那段被“大约300名支那兵”“安置了强烈的炸弹”爆破的南满铁路吧：9月18日晚10时40分，从长春经南满铁路开过来的列车，正点抵达沈阳车站。此前仅仅七八分钟，列车在断口处一阵摇晃后，如意地通过了刚刚爆破的路轨。

可见，爆破部位、长度的选择，都是经过精心谋划的。

《大阪朝日新闻》号外刊登的有关九一八事变的第一篇报道，就在这样的谎言中面世了。倒是文尾那句“奉天在留的日本人受到了极度兴奋”，按捺不住心中惊喜，不经意间暴露了当时日本关东军将士们，包括在乡军人的真实心态。

日本的在乡军人，亦属于准军事力量。到九一八事变前，日本在东北的在乡军人，有1个联合支部（支部长为关东军参谋长三宅光治）、7个支部，人数在2万人左右。居住在满铁附属地内的日本人还纷纷组织所谓的“自卫团”“义勇团”“青年团”。这些组织也具有武装性质。平时维护铁路附属地治安，保护附属地日本居民的安全，隶属于临近铁路守备队。

在九一八事变的过程中，这些组织在运输武器、弹药，构筑防御工事方面所做的贡献，尤为显著，成为关东军武装侵占中国东北的得力助手。

九一八事变，在贼喊捉贼的爆炸声中，拉开了日本帝国主义侵略中国的序幕。

令爆破第一线的河本中尉感到意外的是，爆炸声虽然震动了北大营和沈阳城，却没有发生预先设想的“交战”场景。不要说中国军人到现场察

正在警备奉天郊外满铁铁路陆桥的日本在乡军人团。

看，甚至连平民也没人围观。这样，在炸路现场制造中日军队交锋的局面已经是不可能了。怕败露出事实真相，情急之下，河本等人采取了第二套方案：将三具身穿东北军士兵服装的中国人的尸体摆放在现场，将此作为被击毙的爆炸铁路“凶犯”。

然而，是谎言就要露出马脚。

事变发生后，中国方面随即指出，所谓中国士兵尸体，为日军“枪杀17日雇佣之华丐十数人，衣以中国军人制服，复用刺刀刺破军衣，拍摄照片”。

9月19日，美国记者乔·毕·巴鲁从上海专程赶到沈阳柳条湖现场进行调查。新闻记者的职业道德，促使他决心将一个真实的“柳条湖事件”呈现给世人。十几年后，在出席远东国际军事法庭作证时，巴鲁尊重事实地说：“中国士兵的尸体放在离路轨约五十到一百码的地方……同行中的一个伙伴，调查了一具尸体，他见到的是一个没有血迹，被放置了相当长时间的尸体。”

就连当时奉天省日本邮政局局长岐部与平参观了现场后也认为，“日本的做法太愚蠢了，人们一看就明白现场是伪造的，尸体是在人死后扔到现场的。”

尽管当时日本关东军制造了假现场，并向世界大造舆论，但历史是不容篡改的。

时至今日，柳条湖事件已经真相大白。日本人当年有意遮掩、诋毁事实的做法已经遭到唾弃和嘲笑。

日军占领沈阳后，竟得意忘形地在爆破处竖立起一块木牌，上面写着："昭和九月十八日支那兵线路爆破地点。"

伴随着全面侵华，为炫耀发动事变的武功，1938 年，日本侵略者又毫无顾忌地在该地重建了一座纪念碑，称为"'满洲事变'柳条湖爆破地点纪念碑"。此碑尾翼呈炸弹状，为钢筋水泥结构，坐落在石砌的方台上。

日本战败后，这座铭记着中国人民耻辱的纪念碑，被群情激愤的沈阳市民推倒了。

历史不容诋毁，如今，"纪念碑"躺倒在"残历碑"下，成为历史的记录和警示。

北大营悲剧早就定局

清光绪三十三年（1907 年），东三省总督徐世昌有感于奉天乃清朝"肇兴之地"，为加强对沈阳城（当时称奉天）的防务，倡导修建了北大营。北大营位于沈阳城北约 5 公里处，西距日本人控制的南满铁路仅 300 米，南距柳条湖村不到 500 米，整个营区接近正方形，每边长 2000 多米，四周修筑的土围墙有两米多高，围墙外挖有深约 2 米、宽约 3 米的外壕，每逢夏季，雨水流入壕沟内，形成了天然的"护营河"。

北大营建成后，一直是驻兵重地。清末新军将领蓝天蔚率领的第二混成协（旅）就驻扎在这里。按照北大营兴建时的规模，营中可以容纳 1 万人左右的驻军，也就是相当于 1928 年东北军整编后一个步兵旅的人数。

《大阪朝日新闻》号外　昭和六年九月十九日

“所谓的北大营?”

日支军冲突最初开战地，北大营是在奉天北郊大约三英里处的一个部落，是支那兵营所在地。现在奉天附近有大约三大队的日军驻屯。在满洲，现有的我军总兵力是相当于平时一个师团的三分之二。经常驻在驻屯师团和六个大队的铁道守备队，在奉天的日本人，根据昭和五年七月末调查有 26000 余人。

正如号外坦率地承认，事变之前，即 1930 年 7 月，在奉天的日本人就对北大营进行了深入调查。

虽然是军事禁区，北大营却因其战略地位的重要，日本驻奉天特务机关以各种方式，不择手段地猎取北大营的军事情报。比如北大营的实际驻军人数、部队番号、军营及武器库的位置、主官的生平履历等等，很多都被日本特务们刺探。一些日本军官还以“互访”为名义出入营区，对北大营的实际情况进行窥探。“九一八”当天，北大营的指挥官、第七旅旅长王以哲中将到市内同泽俱乐部出席辽北水灾筹赈会。这天上午，日军联队长村田来北大营试图与王以哲会面，就是由旅参谋长赵镇藩出面接待的。

九一八事变前，对于日本关东军来说，北大营已经没有太多的秘密可言。

北大营的围墙每边各有一个卡子门，设有岗哨。南卡子门外有家属住宅区；北卡子门外也有商店和住户；西卡子门外则是杂草丛生。营区西北边有一个面积不很大的馒头山，官兵们称为“北小山”；北大营的东北角是子弹库，集中放置全营的大部分武器弹药。

营区内南部为大操场，东、西、北三面均建有房舍。北大营内，修械所、仓库、草垛、马厩等配套设施一应俱全。

在奉天城外兵工厂前，被遗弃的东北军军乐队的乐器。

《大阪朝日新闻》号外　昭和六年九月十九日

（联合奉天 19 日发急电）

引起这次突发大事的是奉天军的精锐第七旅，旅长叫王以哲，是精神振奋的青年。根据我军发表，事件的开端是在 10 时 40 分，北大营的正规支那兵 400 名，突然企图破坏满铁铁桥，为了击退，我军开始了战斗。

北大营，是东北军第七旅驻地。七旅是东北军的劲旅，《朝日新闻》号外称其为“精锐”。

这支劲旅的主官名叫王以哲。

王以哲入主北大营时 33 岁。他是以中将衔出任由十一师整编的步兵旅的旅长的。《朝日新闻》号外中称誉他是“精神振奋的青年”，恰如其分。王以哲投效东北军时是 27 岁，仅仅六年的时间，王以哲以才干、胆识、人品和军人气质，赢得了张学良的赏识和器重。

七旅辖 3 个步兵团，旅部直属有骑兵、炮兵、通信和特务 4 个独立连，全旅总官兵 1 万多人。除了一个营驻东陵外，都驻在营区内外。团有直属的重机关枪连、迫击炮连、平射炮连、有线通信兵一个排。

七旅军官的出身学历也是最高的，不少人是陆军大学、保定军官学校、东北讲武堂、东北教导队毕业生。还有少数留学英、美和日本的。第七旅的士兵基本都具有小学文化，官兵们的素质优良，战斗力很强。

然而，“九一八”那个晚上，这样一支精锐之旅，在几百名敌人的进攻面前，七旅确确实实是输了，丢弃了营房，丧失了武器，有的官兵在睡眼蒙眬中成了枪下之鬼。

造成这一幕惨剧的原因，竟是上峰一再强调的命令：“不抵抗！”

有人说，从“九一八”之夜开始，王以哲的内心整整积郁了五年。西安事变前夕，王以哲为促使张学良走上联共抗日之路呕心沥血。这位有大功于民族的爱国将领在兵谏后，被东北军少数不顾大局分子杀害。中共代表周恩来曾赶到灵堂祭拜，这是后话。不过，五年时间，对一个有土不能守、有敌不可御、有家回不去的将军来说，心中的隐痛可想而知。

《大阪朝日新闻》号外　昭和六年九月十九日

“支那军也在增兵”

（联合奉天19日发急报）

19日午前零时半，我军完全占领了北大营，但支那军时时刻刻增兵，形势不能乐观。

当日军向驻守北大营的东北军第七旅营房进攻时，由于是周末，留在旅部值班的最高指挥员是旅参谋长赵镇藩上校。赵镇藩在枪炮声中，向东北边防军长官公署参谋长荣臻请示应急办法。

面对赵镇藩的请战，荣臻说了一句很经典的话：“不准抵抗，不准动，把枪放到库房里，挺着死，大家成仁，为国牺牲！”如果单看后面八个字，倒很像勇士的豪言壮语。

赵镇藩年仅29岁，毕业于陆军大学。听到长官这样的命令，赵镇藩痛心疾首，他不愿看到官兵们白白送死。但上面并告以：“虽口头命令，亦须绝对服从。”

30多年后，作为起义将领的赵镇藩出任山西省交通厅厅长，回忆起当夜荣臻的指示，他仍然觉得“不可理喻”。

9月19日晨，日军将拘捕的荣臻参谋长家的11口人带至日本宪兵部。

实际上，早在处理“中村事件”的过程中，国民党当局的最高统帅蒋介石，便给张学良发了电报，明示：“无论日本军队此后如何在东北寻衅，我方应予不抵抗，力避冲突……”

九一八事变发生后，伤寒病初愈的张学良，曾在北平行营电告南京，国民党政府也曾答以：“日军此举，不过寻常寻衅性质，为避免事件扩大，绝对抱不抵抗主义。”正因为日本帝国主义已经洞悉了蒋介石的政治态度，所以才敢于断然突然袭击。

不抵抗的命令，封锁了自卫的脚步，偃息了反击的枪声。

九一八事变之夜，南满路、安奉路沿线的日军，全面出动，先后占领了沿线大大小小的城镇抚顺、本溪、安东（今丹东）、营口……

至此，仅仅一天的时间，辽宁的战略要地和主要城镇，大部陷入敌手。此间，日军投入的总兵力不足2万人。辽、吉、黑三省的东北军除却入关的部队外，尚有十几万。几倍于敌，求战不成，有土不能守，不战自退，实在令人扼腕痛叹！

痛定思痛，其中不可否定的原因之一，是东三省的东北军部队为中原大战入关，使关东军发动九一八事变有了可乘之机！

1930年3月，为争夺中央统治权，汪精卫联合阎锡山、冯玉祥、李宗仁等地方实力派，发起了挑战蒋介石南京中央政府及国民党中央会议的内战。5月，蒋介石就此宣布“平叛”，史称中原大战。

随着中原战火日益扩大，手握重兵的东北边防军司令张学良，成为交战双方争取的对象。

静观风云，如何出手？1930年7月2日，张学良以养病为由，避居葫芦岛一个多月。8月初，张学良从葫芦岛到北戴河，进一步观察时局变化。

1930年8月30日，张学良返回沈阳。9月10日，张学良在主持召开东北最高会议上，详细阐述了他决定出兵华北武装调停内战。此原因，既有维护自身所在的奉系集团的利益，又是维护国家统一的考虑。

1930年9月18日，张学良发出拥护中央、呼吁和平的“巧电”。10多天时间，东北军即完成了对平津地区的占领。10月15日，阎锡山、冯玉祥、汪精卫联电张学良，表示接受和平解决。随后，阎、冯联袂下野，晋军、西北军分别为张、蒋收编。

中原大战后，张学良成了赢家。战后获得了晋、冀、察、绥四省和平、津、青岛三市的地盘，整编后的晋军和西北军一部也归张指挥。政治上张学良还获得了中华民国陆海空军副总司令的职位，成为蒋介石之下、万人之上的显赫人物，其部下也有多人进入南京中央政府。中原大战后的张学良，实力和声望达到了其人生的顶点。

但是，因为处理中原大战的善后事宜，张学良对东北事务的精力被分散，而且中原大战后入关的大批东北军没有回防。

屋漏又逢连雨天，次年，张将石友三部编为国民革命军十三路军，石友三任总指挥，军部驻邢台，全军6.4万人。但石友三对此仍有不满，图谋夺取整个华北地区。

1931年7月18日，石友三在张学成等人的鼓动下，接受汪精卫广州国民政府的任命，出兵反对张学良。张学良为了石友三又再度征调部分东北军精锐入关，石友三旋即遭到蒋介石和张学良的南北夹击，7月31日，

在东北边防军公署前，日军解除东北军士兵武装。

全军覆灭。这一讨伐，导致了东三省兵力的进一步空虚。

这些，都给图谋东北已久的日本帝国主义以可乘之机。

又是9月18日，正好是张学良1930年9月18日入关一周年之日，日本关东军发动了九一八事变。

1931年，九一八事变是中国的国耻，是中华民族的悲剧。

忘记历史就意味着背叛。

在生与死的煎熬中迸发怒火

人在处于绝境的时候，往往会做出一些惊人的举动。平日里以服从为天职的士兵们，在突围中打响了自卫反击的第一枪。北大营突围战，就在这种不抵抗中的抵抗之下，悲壮地拉开了序幕。历史学家称为打响了抗战的第一枪。

《大阪朝日新闻》号外　昭和六年九月十九日

"占领北大营，完全是奉天兵有计划的柳条沟满铁铁路爆破"

(奉天特电 18 日发)

18 日下午 10 时半，以奉天北郊 3 英里处，爆破北大营北侧的满铁柳条沟铁路线，在支那将官指挥下，有 3400 名支那兵有计划地袭击了我铁道守备队为开端，我军应战，导致了日支兵开战。我军在下午 11 时，立即向驻奉天第二十九联队及铁道守备队下达出动准备命令。19 日上午零时 45 分，驻奉天大队开始了军事行动，目前在激烈交战中。

号外捏造的挑起"九一八"事端的东北军人数难以精确。从"大约 300 名"到 400 名，一下子猛增至 3400 名，同一天的同一份报纸，竟然产生如此不同的"统计数字"，恐怕连读到号外新闻的日本国民都会产生疑虑:"九一八"之夜究竟有多少"支那兵"在作战?

东北易帜时，张学良麾下的东北军按照国民党部队的统一编制，进行了整编。最大的变革，就是撤销军、师的编制，各旅直属于东北军总部管理。

旅的番号，是按照距离沈阳城的远近确定的，北大营里的原奉军第十九师，当之无愧地被改编为东北军步兵第一旅。

1931 年 5 月，按照国民党军事当局的重新编制，第一旅改称第七旅，所辖 3 个步兵团的番号相应变更为六一九团、六二〇团和六二一团，除此之外，作为一个精锐的国防步兵旅，第七旅还有骑兵、炮兵、通信、特务等 4 个独立连，实际人数比国民党中央军的一个师还多。如果当夜东北军投入战事的话，号外"一下子猛增至 3400 名"统计，也不在话下。

《大阪朝日新闻》号外　昭和六年九月十九日

“支那方面的暴拳是起因——花谷少佐谈话”

（奉天特电 19 日发）

奉天陆军特务机关，花谷少佐谈话如下：

日支之间突然产生了开战火的惨状，感到实在是遗憾。这事是起因于北大营的青年士官们轻视日本军阀，为牵制中村事件而爆破满铁铁路之结果。我军采取的行动是属于平时授权的范围之内，绝不是按关东军司令官命令下的行动。

当夜，七旅虽然没有听到花谷正的谎话，就是看到强盗理直气壮闯进家园，不准抵抗、把枪放到库房里，对于经受过严格训练的七旅官兵来说，办不到。

18 日晚 11 时多，六团团长王铁汉在听到枪炮声后由家中骑马来到团部。团长的赶来，使全团官兵有了主心骨。19 日零时刚过，王铁汉接到旅长从城内打来的电话指示：“不抵抗，等候交涉。”此后联络中断。王铁汉认为，等候不等于“挨打”，于是，大胆地下令所部“一面等候，一面抵抗”。

如果说，北大营突围战打响了中国 14 年抗日战争的第一枪，那么，王铁汉是打响第一枪的关键性人物之一。

后来，王铁汉出任国民党四十九军中将军长，全面抗战中的淞沪战役、修水战役、上高会战、浙赣会战……都留下了他挺身指挥的身影。

北大营里，枪炮声愈演愈烈，日军的火力更为密集。东北军第七旅的官兵承受着生与死的煎熬。

北大营军士队队长李树桂发现，事态不像想象的那么简单。旅直属骑兵连的草垛中弹起火，在火光的映照下能看到有人奔跑。随着一阵爆豆似的枪声，远处的营房有人应声倒地，有人还在拼命地奔跑，很显然是日军在追杀东北军官兵。

《大阪朝日新闻》号外　昭和六年九月十九日

（奉天特电 19 日发）

19 日午前零时，攻击北大营的日本军队占领了北大营西端，连续进攻后，占领了东端。午前 1 时 25 分，完全占领了北大营。

日军杀气腾腾地冲向了北大营。

李树桂后来回忆：“我正惊慌疑虑中，一发炮弹击中了我的寝室的屋顶，将我由床上震到地上。我在灰尘迷雾中爬起穿衣服，只听到西围墙附近已经一片机枪、步枪射击声以及炮弹的连续爆炸声。我拎着手枪将出屋门，一发炮弹击中外屋会议室的西北面，霎时间烟尘弥漫，半壁屋顶摇摇欲坠。”北大营就在这样毫无戒备的状态下遭到日军的突然袭击。

9 月 19 日凌晨 3 时，正在燃烧着的兵营和北大营营院里的避难民众。

《大阪朝日新闻》号外　昭和六年九月十九日

“支那军也在增兵”

（联合奉天19日发急报）

19日午前零时半，我军完全占领了北大营。但支那军时时刻刻增兵，形势不能乐观。

《朝日新闻》号外中称日军在“19日午前零时半”完全占领了北大营，实际情况并不是这样。在零点半的时候，北大营部队大规模的撤退还在进行。东北军不但没有像号外中所言的“时时刻刻增兵”，反而在想尽办法摆脱北大营这个死神降临的营院。

《大阪朝日新闻》号外　昭和六年九月十九日

（奉天特电19日发）

19日午前1时25分，攻击北大营之部队中，部分兵向正在顽强抵抗的守备弹药库的支那军，开始了猛烈地攻击。

“高粱叶子青又青，九月十八来了日本兵，先占火药库，后占北大营，杀人放火真是凶……”这是九一八事变后，在关东大地上和流亡关内的东北民众间流传很广的歌谣。

北大营的火药库又称“子药库”，位于营区的东北角，有专职的军械官管理。事实上，日军是在先占领北大营的大部分营区后，才攻入火药库的。守护火药库的中国士兵接到了“不抵抗”的命令，没有准备还击，纷纷被日军射杀、杀戮，一名中国军械官被打死。

火药库内，流淌着中国官兵的鲜血。

因事变前七旅官兵奉令避免与日军冲突，很多枪械特别是重武器都封存在了库房，其中有步枪、手枪1000多支，各种机枪100多架，其中包括24架马克沁机枪，还有迫击炮、平射炮和各种枪弹、炮弹、手榴弹都留在了火药库内。

对张开了血口等着侵占北大营的日本人来说，形势不是“不能乐观”，而是“异常喜人”。

《大阪朝日新闻》号外　昭和六年九月十九日

（奉天特电 19 日发）

北大营方面的支那军队，直到午前 3 时半，还在以大炮猛烈炮击日军，展开顽强地抵抗，开始了猛烈战斗。

号外虽然欺人之谈写到东北军第七旅“以大炮猛烈炮击日军”，但是，日军承认受到“顽强地抵抗”。

“九一八”当晚，姜明文是东北军第七旅六二〇团三营九连连长，是当日的值星官。

他在《九一八事变亲历记》中写道：“一直持续到 19 日凌晨 4 点多钟，外面枪声大作，日本兵已经把我们包围了。我们立即以炽烈的火力还击，将对方的火力压制下去。”

20 世纪 80 年代，我与姜明文相识时，他为沈阳市政府参事室副主任、沈阳市及辽宁省政协委员。因政协文史工作关系，我多有采访。

他在回忆中谈到：晚 10 时许，查哨回来躺在床上看小说，忽听西边传来猛烈的爆炸声，急忙从床上跳下，跑到营门口哨位，令站岗的士兵上树瞭望，士兵上树瞭望后报告说：是日本人进来了，我一听忙跳到树下的一块大石头上仔细看，影影绰绰的都是钢盔，嘴里骂道“小鬼子你他妈的是进来找死来了”，瞄着鬼子就打了两枪，然后把枪扔给树上的士兵，命令道：“给我往死里打，我去叫人。”然后急忙跑回院子吹响了集合哨，队伍尚未走出院子时，团副朱芝荣出来阻止说：姜连长，把队伍带回来。并说旅长来电话了，叫队伍不要动，枪入库，都回去睡觉，日本人进来由长官去交涉，要什么给什么，不要打。我顶了一句“要命也给?”朱团副说，这是旅长的命令，谁打谁负责。我说：“晚了，不让打我也打了，我要不打这会儿小鬼子可能都摸进这院子了。”

服从命令是军人的天职，但天职在正义与邪恶的碰撞中，也会迸发出怒火中烧的烈焰。处于绝境的东北军第七旅官兵，在火光中看到悲惨的场面，义愤填膺，为了自卫，愤然违反不抵抗的命令，向日军开火。

一直持续到19日凌晨4点，当姜明文率部首先爬上土壕顶时，外面立刻枪声大作，鬼子已将北面包围了，此时士兵们已不待指挥，立即以猛烈的火力还击，将鬼子的火力压制后，越壕突出了北大营。

在还击的枪声中，全旅三个团先后出营房，含恨撤退到东山嘴子，集结待命。

当时担任日本驻奉天总领事的林久治郎，曾在遗著中记载：北大营当时有以王以哲为旅长的第七旅驻军。中国军队一方面为我军的突然袭击所惊呆，另一方面还得执行上级不抵抗和撤退的命令，所以被我仅600人的独立守备队第二大队所驱散。拂晓，北大营即为我完全占领。向着奉天城内进军的第二十九联队，途中反复扫荡中国警察，于午前4时左右进入城内，这里也是天未亮就完全占领。

战争结束后，日本“满铁”土木建筑公司经理神谷化次郎在日记中写道：“北大营的战争，创造了世界战争的纪录，敌人有1.2万人，而关东军用650人，即以1∶20的兵力战斗7小时，就把它攻占了。”

据统计，北大营一战，中国军队伤亡335人，失踪483人。

一份完整的《九一八事变日军战死者名簿》，对日军战死人员姓名、职衔、战死时间和地点均有详细记录。9月19日，独立守备步兵第二大队、陆军步兵伍长新国六三于奉天北大营战死；9月19日，独立守备步兵第五大队、陆军步兵上等兵增子正男于奉天北大营战死。日军死亡2人，受伤20多人。

这表明，一部分东北军爱国官兵，出于民族义愤，拒绝执行当时国民政府绝对不抵抗命令，首先奋起抵抗。档案史料真实地反映出，从九一八事变之后，东北官兵和民众一直都在自发顽强地抵抗，没有当亡国奴。

日军占领北大营后，恼羞成怒，在将遗留的军械、钱款掠获后，他们燃起了大火，将北大营的大部分营房付之一炬。直到9月19日中午，大火仍未熄灭。

解放后，姜明文去张学良胞弟张学铭家做客时，谈起事变之事时，张夫人朱洛筠笑说："留你一命是怕中央追查擅自开枪挑起中日事端的人，到时没法交代。"张学铭说："事后蒋介石也确实追问过六哥（张学良）是谁下令开枪的？六哥说：没有哪个长官下令，是士兵们自主还击的。打枪在前，奉令在后，杀敌心切，但惩戒一下还是有必要的。此事不了了之。"姜明文因未奉令擅自开枪被责罚打了32军棍。

历史是什么？尽管看不见，摸不着，没有固定的形象，虽然岁月也许涵盖了所有逝去，但没有人能够躲避客观存在的剖视。

用刺刀助虐攻势和占据

关东军司令本庄繁（前）。

5时许，火光中，不抵抗政策不仅使北大营走向毁灭，也让沈阳城在哀号声中走向沦陷。

发动九一八事变，日军为配合全面攻占沈阳地区，本庄繁命令满铁沿线日军迅速向沈阳集结，支援攻击沈阳的日军。从19日凌晨1时至8时，从抚顺、辽阳、铁岭、本溪、鞍山、海城、

9月20日午前11时，到达奉天的日军施迷彩伪装军用列车。

四平、抚顺、公主岭等地向沈阳共出发13列军车，先后到达沈阳，迅即投入战斗，加强了日军攻势。

《大阪朝日新闻》号外　昭和六年九月十九日

“支那方面兵力是22600名”

（奉天特电19日发）

在奉天的支那军兵力是被日军占领的北大营、东大营和其他合起来有18800名，再加3300名巡警，共有22600名。

由北大营撤退的第七旅官兵，向沈阳城东约10公里的东山嘴子疾进。他们选择这里作为噩梦后的第一个落脚点。

东大营，位于沈阳城东约10公里的东山嘴子，是东北军第二大营区，东北讲武堂所在地。事变前，第七旅六二一团的三个连也驻扎在东大营，讲武堂2000多名师生与第七旅的官兵和睦相处。

东北讲武堂是张学良的母校，是东北地区最优秀的军事教育机构。1919年创办以后，12年的时间训练了11期学员、约9000名毕业生，其中不乏后来成为抗日名将的黄显声、冯占海、王铁汉、唐聚五、吕正操等

奉天城内，日军在大东门的守备。

将领。教官的高素质、教育成果的显著和毕业生的影响力，使东北讲武堂跻身“民国四大军校”的行列。

9月18日晚上10点多钟，北大营方向传出的枪炮声，将已经就寝的讲武堂学员们惊醒。

很快，在营内值班发觉：由于日军切断了省垣所有电线，东大营失掉了和北大营及东北边防军司令长官公署的联系。讲武堂学员们惶惶然不知所措时，见北大营火光烛天。

一名值星队长派人向北大营方面侦察情况，不久就得到报告：日军已行进至距离东大营不到两公里的东毛君屯了。

夜空中，枪炮声格外震耳。讲武堂学员李士廉后来回忆说：“听到七旅还击的枪声，至12时，已有七旅的零星部队从北大营向我东山嘴子撤退，至午夜2点，大部队才撤下来，天亮时，稀稀拉拉还有人相继靠拢。”

撤退到东大营的北大营官兵，惊魂未定。他们带来了有关北大营的坏消息，方知北大营已陷落日人之手。

9月19日上午10时，日军在占领沈阳之后，多门师团与独立守备队采取联合行动，由南北两面向东大营发起进攻。

北营既陷，援应已绝，孤掌难鸣，东大营不是久留之地。在混乱的局面下，“奉令转移”，成了驻军及讲武堂学员不战而退的词语。

中午12时，日军占领了东大营。曾经名噪一时、被称为“将才摇篮”的东北讲武堂，在日军九一八事变的炮火中走向消亡。东山嘴子，那片被称为东大营的土地，曾经承载着东北军的光荣与梦想，从那个秋风渐凉的日子开始，飘扬起了太阳旗。

日本人在向沈阳增兵，空军的侦察机，也从朝鲜平壤出动了。

《大阪朝日新闻》号外　昭和六年九月二十日

“令人害怕的沉默中，如废墟一般的奉天——从飞机上观看的第一报”

“水泄不通的我军森严警备网”

9 月 19 日午后 2 时，从平壤出发的带有机关枪的 88 式侦察机。

（平壤特电）

我军借用了由鹤原飞行员驾驶、伊藤司机同乘的日本空运大型客机フォッカ一号，属于平壤飞行第六联队，19 日午后 3 时，与先发的侦察班一起，一下子飞到奉天。20 日早晨，由奉天返回平壤，午前 10 时 48 分着陆。装载多数炸弹后，马上返回奉天。另外，奉天机场是比我们先到的陆军侦察机，在一个中队的应援下，不费力地占领了机场。机场里有完整的 70 架飞机，也隐藏着坦克车。散乱着支那兵的军服、鞋、帽子等，可见受了我军攻击，仓皇不知所措地逃跑了。

号外表明，日军对停放在东塔飞机场上的东北空军飞机，已经垂涎三尺了。

清太宗皇太极敕建的沈阳东塔，是著名的沈阳“四塔”之一。张作霖主政时期，在这座佛塔附近的开阔地兴建了东塔飞机场，并且建立了在全国各路军阀中实力首屈一指的空军力量。张氏父子经营的东北空军，曾经令其他各派军阀嫉妒和仇视。

日军轰炸北大营的时候，东塔机场也遭到炮击。东北空军司令部设在这里，此外还有航空工厂、航空侦察班、飞行教育班等机构，是东北军空中力量的大本营。经过十几年的发展，东北空军已拥有200多架各式飞机，有的是军用战斗轰炸机、侦察机，有的是教练机，有的是载人运输机，随时整装待发的飞机有七八十架。这些飞机大多是从法国、英国、德国、日本等国购进。与飞机相匹配，东北军还拥有当时全国一流的航空专业人才，一些飞行员曾留学法国。

9月18日这天晚上，东塔机场一片寂静，由于是周末，飞行员连同

被日军占领的奉天城外东北军航空队全景之鸟瞰图（飞机全是我方的陆军机）。

航空学员们都回到沈阳城里与家人团聚了。

同时报道来自借用平壤的飞行员消息下，增添了醒目标题。

“从奉天乘客机回来的说：捕获的飞机的三分之一是可以使用的”

平壤飞行第六联队借用了日本空运客机（鹤原飞行员驾驶、伊藤司机同乘），19 日午后，输送了地上勤务员赴奉天，然后装载了在当地执行任务的同队 88 式侦察机获得的情报。20 日晨，到达平壤，我军为传递通信使用客机是头一次，收到的成果是很好的。

这份有意义的报告说：18 日午后 11 时半，我军炮击了奉天机场北方的北大营，敌人受伤 3000 名。兵工厂起火，直到 19 日还在燃烧。机场有 70 架飞机，估计有三分之一完全可以修理使用。机场是平坦的，88 式侦察机可以着陆。奉天军使用的汽油有 50 桶。支那军正在向新民县、郑家屯方向退却，准备 20 日早进行侦察。我军目前着手设置长春机场。

当日军轰炸北大营的时候，由于东北军政当局已下达了“不准抵抗”命令，日军又未击伤机场和机库，因此“九一八”夜里飞机场没有任何举动。

天亮后，机场又接到总部参谋长荣臻的电话命令：“今天不准飞机起飞，以免出事。”

19 日上午 10 时 20 分，日军第十六联队进占东塔机场。很显然，日军是准备完好地“接收”。

东北空军的 262 架飞机，尽数被日军掠夺。日军把这些飞机立即改涂上“日徽”标志，并在东北空军司令部的大门前贴上“日本军占领”字样。

始建于 1922 年的辽宁迫击炮厂，是当时中国颇有影响的军工企业。曾经在 1929 年制成了中国第一台载重汽车。日军的占领，宣告了该厂生产的终止。当时，厂区内仅迫击炮一项就有 2200 多门被日军接收，还有

9 月 19 日午后 4 时 10 分，日军在东北航空队收藏库前获取的飞机。

在奉天机场，左侧排列着的是日军陆军甲式四型战斗机。

9月19日拂晓，日军占领了迫击炮工厂。

40多辆大小汽车，都成了日军赖以炫耀的战利品。

《大阪朝日新闻》号外　昭和六年九月十九日

（奉天特电19日发）

19日午前零时45分，奉天驻在部队某大队一个中队，向工业区卫队、迫击炮厂开始了军事行动。

《大阪朝日新闻》号外　昭和六年九月二十日

"带刺刀突入迫击炮工厂——谈苦战的平田联队长"

（奉天特电20日发）

占领奉天城的二十九联队，把联队本部设在满铁公所，担任维持治安的任务。访问平田联队长谈：总的来说太突然了。我率领800名战士，反击4000名支那兵，不是容易的事。

攻击迫击炮工厂的时候，我军只是一个小队，面对顽强反抗的1000名支那兵，我们是带刺刀突入的。支那军方面的损害是，奉天城内外大约死伤有150名左右，被我军解除武装的大约有3000名。

号外又是在自我吹嘘。其实，日军进攻迫击炮厂的时候，并没有遭遇抵抗。

9月19日零点刚过，20多名日军冲至迫击炮厂门前。把守大门的东北军士兵，竟没有预感到死神在渐渐逼近，询问日军的来意，顿时遭枪击毙命，鲜血染红了铁栅栏门。日军以手榴弹炸开大门，蜂拥而入。迫击炮厂卫队的上尉队副闻声出来察看，被日军用刺刀挑死。接着，日军冲入工人宿舍，惨无人道地向手无寸铁的工人们扫射，“众枪齐发，工人裸体死于床下者约20余人”，厂卫队的少校队长也在混乱中罹难。日军还向迫击炮厂的办公地投掷了9枚手榴弹，并炸毁了厂房。

与迫击炮厂遭遇同样惨剧的还有东三省兵工厂。19日上午10时，日军在枪杀守厂卫兵40余名后，由该厂日籍技师天也信一“带领日军进入兵工厂”。日军占领兵工厂后，荷枪实弹的士兵把守大门，并贴上“日本军占领”“除日军外，出入者格杀勿论”的字标。

占领，刺刀，连接着侵略者的狰狞。历史毕竟是历史，历史是任何人都无法涂改的。

9月19日午前11时，在奉天城外兵工厂前，日军监视着避难的市民。

古城经受血与火的浩劫

日军进攻北大营的同时，按照板垣征四郎的部署，步兵第二十九联队兵分三路向商埠地南市场、北市场、小西边门进攻，直逼沈阳古城。

《大阪朝日新闻》号外　昭和六年九月十九日

“在满洲，日支兵力武装冲突，进行激战”

“从三方发起总攻击，占领了奉天城。全部支那人已逃避，无人影”

（联合大连 19 日发）

我军从奉天城大西边门、小西边门及黄庙府三方面，开始总攻击，19 日上午 3 时，攻下城门进入城内。城内的支那人，全部避难，未见人影。

（奉天特电 18 日发）

日军炮兵队在奉天花街西方出动。

按部署第三路日军从小西边门进攻奉天城。

虽然号外接续报道“日支兵力武装冲突，进行激战”，同时，消息中又不打自招地写道：“无人影”“未见人影”。

侵略者的喉舌就是这样，往往是欲盖弥彰。

沈阳城里，有一支武装力量与日军进行了交火。

柳条湖的爆炸声响起后，东北军第七旅王以哲旅长风尘仆仆地赶到省警务处的办公室。警务处长黄显声掷地有声地表示：“公安局各分局队，将尽力支持，非到不能抵御时，决不放弃驻地！”“市区不能打，我拉出去打，打到底！”话语间充满着豪气。

有人目睹了这样的场景：9 月 18

奉天大西门着急回家的避难中国人。

19 日午前 8 时 30 分，日军和日在乡军人在浪速大街东端，即奉天附属地和商埠地境界部署了警备。

9 月 19 日晨，日军行军在奉天城内小西关前。

日夜间 11 时左右，沈阳城内的警察们横卧在马路两侧，做准备射击姿势。

9 月 19 日凌晨，在日军进攻沈阳城内的商埠地和大、小西关时，三经路警察署、商埠地第三公安分局等处的警察向来犯之敌射出了愤怒的子弹。

但是，在全副武装、来势汹汹的日军面前，警察们的反抗显得是那么的脆弱。

当时，沈阳全城约有 1.5 万名警察，分布在城区各个公安分局和警察分所。他们事前也接到了上级“不准抵抗”指示。

当第一路日军攻入商埠第一、第二公安分局时，他们处于毫无戒备状态。日军“突施包围，先行割断电线，次则强迫缴械，将所有公安局内员司兵役，悉皆软禁一室。”然后占领一切官厅衙署，“紧要物品，悉被掠夺。各机关之首领员司，除微服逃避外，悉被日人软禁。”日军很快占领了南市场。

日军在奉天附属地境界线浪速大街上警备。

《大阪朝日新闻》号外

昭和六年九月十九日

“在我总领事馆附近处，也在战斗”

（奉天特电 18 日发）

与上述同时，在奉天商埠地和日本总领事馆附近，也有了战斗。因此，我奉天警察署采取了紧急警戒状态，在满铁附属地境界线，商埠地区间的各马路上，配置了武装宪兵。城内的日本人，撤回了满铁公所。

9 月 19 日正午，在满铁附属地和商埠地境界处，日军和日在乡军人对过往的中国人进行盘查。

第二路日军进攻商埠地北市场时，十间房公安分局警察上前制止日军爬上电杆，割断电线时，日军便开枪射杀。双方发生冲突，互有死伤。但日军逐渐增多，大部分警察被当场缴械，北市场很快也被日军占领。

第三路日军向沈阳城内挺进。大约有 700 名日军在大西边门外分成两股，一股奔大西边门，一股奔小西边门。

19 日凌晨 3 时后，大小西关枪声四起，火力甚猛，攻击小西门及西南城角的日军爬上城墙向城内射击。此时，辽宁省政府主席臧式毅再次打电话催问日本领事，得到的答复是“军人行动，领事无权限制，只好请其军事当局设法制止”，并谎称“日军决不进城”。

天真的臧式毅信以为真，竟对身边人说：“快到拂晓了，他们的‘演习’也要结束了。”

《大阪朝日新闻》号外　昭和六年九月十九日

"清除支那巡警"

(联合奉天19日发急报)

占领奉天城内的某部联队，19日午前零时50分，出发驻扎地，联队本部1时到达了小西边门。在商埠地的支那巡警全部被扫荡。完全占领了该地。

进攻沈阳商埠地南市场时，日军荷枪实弹地强迫警察们缴械，将分局内的警员全部软禁，"略与抗辩，非毒打即枪毙"；进攻北市场时也发生了类似的惨剧；而日军为了从大小西关进入沈阳城内，残忍地将守卫城门的中国警察枪杀。

9月19日午前8时，将要攻击城内的日军在奉天小西门城墙担任警备。

9月19日午前9时，日军在奉天城内总商会前看押被缴械的公安警察。

《大阪朝日新闻》号外　昭和六年九月十九日

“我方警察队与公安队交战”

（奉天特电19日发）

19日午前1时半，奉天郊外西塔的支那方公安队和日方警察署员冲突，开始交火，到2时半还在交战中。

最惨烈的要数位于铁西工业区的公安局六分局。这是个只有30多名警察的分局，警察们与日军死力抵抗，双方肉搏达3个小时之久，后因弹尽援绝而被日军攻入。日军将这个分局的警察斩尽杀绝，“数十健儿，悉被日军杀害。挖胸洞腹，肝脑涂地，尸体横陈于局门外者，多日无人掩埋，状极惨烈。”

奉天城内，已进入了交战状态。号外有照片证明：烧毁的冯庸大学机场飞机库。

奉天日本警察的非常警备状态。

9 月 19 日午前 6 时半，日军乘军车行进在小西门内。

日军装甲车队行进在东北边防军司令官署前。

1931 年九一八事变前夕，冯庸大学扩充为工学院、法学院、教育学院，学生总数达 700 余人。1931 年 9 月 19 日清晨 6 点 30 分，沈阳城沦陷，整个城市顿时陷入空前的劫难中。沈阳市内的军事机关、通讯机关、学校、社会团体都沦于敌手。

9月22日上午11时，日军将冯庸大学校长冯庸逮捕监禁。关东军司令本庄繁威迫被关押的冯庸替代张学良主持东北政局。在军力上由日方充分帮助，财政由满铁株式会社接济。

冯庸断然拒绝："因此若杀我，我亦死得光明磊落"，"死耳，誓不为卖国贼"。

日军对冯庸劝降不成，很多人开始为解救冯庸积极地活动。后冯庸从上海绕道回到北平。1932年10月1日，冯庸大学复校，张学良参加了开学典礼。这是后话。

日军在沈阳城内四处鸣枪扫射，攻击各个公安局所，迫使警察与宪兵缴械。在敌强我弱的局面下，为避免做无谓牺牲，黄显声组织一部分警察进行了有序撤退，经新民向锦州集结待命。

9月19日午前9时，日军占领了东北边防司令长官公署。

刚攻入东北边防司令长官公署卫队的日本兵。

4时许，日军由城墙西南角登墙入城。他们一面包围警务第一分局及宪兵司令部，一面割断电线，占领电话局、有线电台，内外消息，全部断绝。随后，小西城门被打开，大股日军蜂拥而入，擎枪架炮的装甲车也冲入城内。

日军从小西门冲进沈阳城后，迅速占领了东北边防军司令长官公署，他们以满铁奉天公所作为城内临时指挥所。

至9月19日6时30分，日军占领了沈阳城。

紧接着，日军接收了省城内的各个党政司法机关。省政府门前的木牌被日军砸毁，所有的职员逃离一空，文卷印信都被日军掠去。省政府主席臧式毅遭到拘禁，后来在威逼利诱下，成为伪满洲国的奉天省长。

《大阪朝日新闻》号外　昭和六年九月十九日

“占领各银行”

（奉天特电19日发）

日本军全部占领城内满铁附属地的东北省官银号及交通银行等支那方面的金融机构。

沈阳的各处金融机构同样遭难。东北地区最大的金融机构——东三省官银号被日军占领，日本人如获至宝，在门口贴上“擅入者枪毙”的字样。9月19日晚间，日军用载重汽车将官银号内的现大洋运走。

9月19日晨，日军行进在奉天城内东三省官银号（奉天的中央银行）前。

正如号外所言，东北边业银行、中国银行、交通银行等皆被日军占领，钱款损失惨重。

张氏帅府被占领。张作霖的五夫人张寿懿带家人出走小南关天主教堂避难。帅府中20多年间积累的珍宝古玩遭到日军抢掠。偌大的张氏帅府，被日军洗劫一空。

后来，关东军司令官本庄繁把从帅府洗劫的张学良家产装了两火车，运到北平试图交还给张学良，张学良怒不可遏地说："这样待我，等于羞辱我，你把我的东西拿回去！不拿，我全在火车站烧了，羞辱你。你要还，还给我东北三省，我东北三省比你日本四岛还大呢！"

太阳旗插上城内奉天财政厅。

《大阪朝日新闻》号外　昭和六年九月十九日

"奉天城内是大混乱，响彻隆隆炮声"

（联合奉天 19 日发急报）

奉天城内，已进入了交战状态。城内大混乱，我官宪对城内及商埠地的日本人下达了撤回命令。目前炮声隆隆的奉天站，我兵乘坐货车，出动北大营。

沈阳市内的军事机关、通讯机关、学校、社会团体都沦于敌手。被日军占领的主要学校有东北大学、冯庸大学、同泽中学、辽宁省第一师范、第三高级中学、女子师范等。被日军占领的社团组织有辽宁省国民外交协

9 月 19 日午前 6 时 50 分，占领了奉天城内中国银行的日军。

烧毁的冯庸大学机场飞机库。

阅览关东军司令官布告的中国人。

会、报界联合会、基督教青年会、辽宁省和沈阳市工会、商会、农会、教育会等。

日军进入沈阳城后，暴行令人发指。

清晨时分，街头高悬日本旗，巷口张贴着宪兵队的布告。荷枪实弹的士兵，把守在城门和机关等要地。日军的兵车、炮队，在街道上横冲直撞，日本浪人，耀武扬威地肆意抢掠，道路旁横卧着淌血的尸体。

尚通列车的皇姑屯火车站，在日军的监视下，挤满了逃难的人们。

沈阳，一片恐怖，一片混乱，经受了一场血与火的浩劫。

国难降临时的不抵抗命令

九一八事变前，东北的局势危如累卵。听了警务处处长黄显声赴北平关于东北局势的汇报后，张学良忧心忡忡。

东北易帜后，东北的一切外交事宜，张学良都要听命于蒋介石和南京政府。

“九一八”当晚，他抱病邀请英国驻华公使兰普逊等友人，一同观看著名京剧大师梅兰芳的表演。有回忆说，那晚演出的剧目为《宇宙锋》。60多年后，张学良却清楚地记得演的是《风筝误》。

看戏的原因，有材料说是为了赈济辽西水灾答谢有关人士募捐的义演，张学良还在演出前号召大家踊跃捐款。但时任张学良侍卫副官的刘余庆回忆：“为纪念东北军出兵关内、和平结束中原大战一周年。”

看戏的地点，也有中和剧院、新明戏院等不同说法，皆源自张学良身边人的回忆，然而这些细节已不重要。

不论如何，张学良身在北平，远离东北的政治、经济中心。

晚10点半左右，副官向他报告东北军参谋长荣臻来电话，日军已占领北大营，张学良匆匆离开包厢，返回协和医院的病房。

9月19日凌晨1时，张学良在医院召集紧急会议，商讨应变对策，他说：“日本人图谋东北，由来已久，这次挑衅的举动，来势很大，可能要兴起大的战争。我们军人的天职，守土有责，本应和他们一拼，不过日军不仅一个联队，绝非我东北一隅之力所能应付，……如能全国抗战，东北军在前线作战是义不容辞的。……总期这次的事件，勿使事态扩大，以免兵连祸结，殃及全国。”

随后，张学良的顾问顾维钧提出：立即给南京发电，要求国民政府向国际联盟行政院提出抗议，请求行政院召开紧急会议，处理这一局势。

此时的蒋介石正由南京前往南昌督师“剿共”。9月18日晚9时半，蒋介石登上永绥舰出发。当天日记留下的是：“下午，研究地图，看《中山全集》。筹划对粤、对匪策略。……”不到半个小时，震惊世界的九一八事变发生。

9月19日晚间，张学良终于接到蒋介石的来电：“北平张副司令勋鉴：良密。中刻抵南昌。接沪电，知日兵昨夜进攻沈阳。据东京消息，日以我军有拆毁铁路之计划，其借口如此，请向外宣传时对此应力辟之。近情盼时刻电告。蒋中正叩。皓戌。”以这份保存在台北“国史馆”的档案为证，蒋介石第二天晚上发来的电文，仅告之宣传的要点，没有军事如何的字样。此时，仅仅一天的时间，辽宁的战略要地和主要城镇大部，包括长春已陷入敌手。为何？

9月21日，蒋介石返回南京，在召开的紧急会议上明确：“先行提出国际联盟与签订非战公约诸国，以此时惟有诉诸公理也。”

张学良又派万福麟和鲍文樾赴南京请示对策，蒋介石亲口对他们说：“你们回去告诉汉卿，现在他一切要听我的决定，万不可自作主张，千万要忍辱负重，顾全大局。”

《大阪朝日新闻》号外　昭和六年十一月二十七日

“奉天旅长连恳请出阵，张学良给予激励”

（北平特电27日发）

锦州危机的说法是支那对国际联盟的宣传，但实际上也非常紧张。张学良连日命令在当地的荣臻等做好警备，关内的奉天军是极度紧张。26日有10余人的旅长连访问张学良请求出阵，对此张学良用感激的口气演说：“一切已派万福麟到南京，向蒋总司令做了请示，很快能知回答。军人以服从为天职，行动应当服从于中央的指挥，我的立场同各位旅长是一致的，只要有了上官的命令，我本率先士兵，一马当先。”

万福麟可能是在27日晚6时坐飞机返回北平。

万福麟一行返回北平后，张学良又召集心腹商量时局。于学忠建议：“日本军人现仍继续侵占东北各地，横行不已，我们虽然避免全面的冲突，但也应集中几个旅的兵力，牺牲他三团人，给敌人以打击，挫伤其侵略气焰，并取谅于国人。”于学忠还建议，在锦州奔丧的张作相和滞留北平的万福麟两位东北军副司令，应该各自返回吉林、黑龙江的防地，掌握部队。张学良说：“我现在正命荣臻担任这项任务。”

张学良想得太天真了。沈阳沦陷后，东北军第七旅在十几天之内撤退到锦州。对这支部队的兵容，用当时一位连长的话说：“形同叫花子，衣服不整，枪支不全，更没有重武器。”

尽管如此，张学良还是采取了相应的措施，延缓了部分国土的沦陷。

9 月 23 日，张学良下令将东北军政中心西迁锦州，并指示军政两署：“一切问题由地方政府出面解决。”两署的实际工作，由辽宁省警务处处长黄显声主持。

而后，吉、黑两省也建立了抗日政权，与日本建立的伪政权相对抗。

10 月中旬，第七旅撤退到北平郊区。与此同时，在辽宁的其他东北军部队除了降日外，也纷纷奉“不抵抗命令”，辗转入关。

张学良在给上海抗日救国会的电报中痛心疾首地说：“学良守土无方，罪行山积，许身为国，勿计其他，一息尚存，誓与日寇周旋，大敌当前，愿与共勉。”

《大阪朝日新闻》号外　昭和七年一月四日

“催促三国干涉的张学良政权之阴谋活动”

（电通北平 3 日发）

张学良一方面让出了锦州，另一方面促动英、美、法三国，企图靠其干涉收回失地，秘密促动它。东北军首脑部相信实现的日子不远，没着慌。

但是，事态没有按照预想的那样发展，张学良和南京政府寄希望的外交努力最终落空。

不抵抗断送了整个东北，张学良也由此替南京政府和蒋介石背上了“不抵抗将军”的罪名，受到各界舆论的奚落和谴责。

60 年后张学良在对日本 NHK 记者谈话中坦然承认当初判断失误。

张学良说：“对九一八事变我判断错误了，所以我后人骂我，国人骂我。我说你骂我九一八事变不抵抗，我是一点不服，不认这个账的，我没有错。可是你要骂我是封疆大吏，没把日本的情形看明白，那我承认。我为什么判断日本不能这么做，因为这么做对他不利。我这个人是胆大妄为的，假如我真知道日本人要这么办，我当时可能，我跟日本人要拼的。”

但是，张学良 1990 年在台北却又对美籍学者唐德刚说：“九一八”，“不抵抗的命令是我下的，不能诿过于他人。我的过，就是我的过”。

事过 60 年后，张学良还替南京和蒋介石背着这个骂名。

不管有多少条理由，张学良作为一个封疆大吏，在敌人进家、强盗入门的时候拱手相让，怎么说都是难辞其咎。尽管张学良在此后幡然醒悟了，但九一八事变与他之间的瓜葛，永远如影随形。

第 二 章

必先征服中国的自白

路有千条，理有一个。　　　——中国

谬误行得通，真理就行不通。——日本

为了在满蒙的生命线

在世界的东方，有一片浩瀚无垠的海。海的两边，有两个两千多年相依相伴的国度，她们的名字分别叫中国和日本。

还在日本相当闭塞、落后的时候，中国就已经创造了秦汉雄风、大唐盛世，即使到了明代，还曾有三保太监下西洋的壮举。

中国的强盛，曾经令日本仰视。日本海盗袭扰中国海疆的年月，中国的文臣武将们以鄙夷的目光讥笑他们为“倭寇”。

有人根据地图上两国的形状，称中国形如雄鸡，把日本比作卧蚕。似乎没有卧蚕反咬雄鸡的道理。

然而，历史开了一个莫大的玩笑。

斗转星移。日本通过变法维新，奇迹般地在东亚一隅勃然而起。

中国清王朝国力的日渐衰弱，无心留意日本的跃跃欲试，但中国这块“肥肉”，已经令其垂涎欲滴。

日本国土狭窄、物产不丰、资源匮乏，发展资本主义可谓先天不足。日本要富国强兵，对外侵略扩张成了必由之路。

1868 年 4 月 6 日，明治天皇在《御笔信》中郑重宣布："经营天下，安抚汝等亿兆，欲开拓万里波涛，布国威于四方。"

此后，日本与中国反目成仇。

这是一部以黩武扩张为根本出发点的侵略史，每一页稿纸上，都滴淌着中国人的鲜血。

武装侵略台湾、抢占琉球群岛、挑起甲午战争、逼华割地赔款……日本张开血盆大口，吞噬着灾难深重的中华民族。

强弱，在时间里发生了惊人的易位。

从甲午战争到日俄战争，再到九一八事变，间隔了 30 多年，但这次日本发动的侵略战争，与历史上必征服中国野心相比，有过之而无不及。

19 世纪末，日本军国主义的气焰日趋嚣张。

在这种背景下，"大陆政策"的出台也就不足为奇了。这是一条吞并朝鲜、侵占中国东北进而征服中国、称霸亚洲乃至世界的"国策"，字里行间充满着血腥的味道。

在这种策略的驱使下，朝鲜最先成为侵略战争的牺牲品。此前，日本就已把目光对准了森林茂密、矿藏繁多、土地肥沃、资源丰富的中国东北。这里，注定要成为日本称霸世界的跳板。从九一八事变发生后，《大阪朝日新闻》出版的这套号外记载，就证明了这一论断的正确，即这跳板发挥的不可替代的独特作用。

甲午中日战争，日本人犯下了滔天罪行。且不说割走了美丽富饶的宝岛台湾、2.3 亿两白银的巨额赔款，单是在攻占旅顺后，进行了四天三夜惨绝人寰的杀戮。一丘黄土，埋葬了 18000 名冤魂。洗劫过后，全城仅幸存 36 名抬尸队员。

这就是天皇所标榜的"开拓万里波涛，布国威于四方"。

1895 年《马关条约》签订后，日本人巨大的胃口引起了其他帝国主义强盗的恐慌。

在日本强占了台湾和辽东半岛后，引起了帝国主义列强瓜分中国的矛盾。俄、德、法三国，从自身的不同利益出发，出面对日本进行干涉。

因实力所限，日本政府接受了三国的“劝告”，但却宣称：“三国完全让步，对于中国一步不让”，清政府只得用白花花的3000万两白银赎回了辽东半岛。剜却心头肉，来补身上疮，沙俄自恃赎地有功，逼迫清政府同意在东北修筑中东铁路并抢占大连、旅顺。

日本人心中记下了这笔账。君子报仇，十年不晚。日本强盗虽称不上君子，可是为了报仇，整整等了十年，卧薪尝胆、扩军备战。1904年，日军满怀着贪婪欲望和复仇心理，不宣而战，在中国的土地上发动了日俄战争。双方数十万大军在辽东半岛、黄海海域内厮杀，生灵涂炭、疮痍遍地，最终日本获胜，他们背着清政府签订了《日俄密约》，竟然把中国东北分为南、北满两部分并私下分割势力范围。日本作为战胜国，不仅夺得了帝俄费尽心机得到的辽东半岛租借权，以及中东路长春至大连段的南满铁路，还强迫中国开放了东北16个重要城镇，作为日本通商和居住的地方。

20多年后，著名诗人闻一多在《七子之歌·旅顺大连》中饱含深情地写道：“我们是暴徒脚下的两团烂泥，两个强邻将我来回的蹴蹋，母亲，你不知道儿们如何的想念你！”

《大阪朝日新闻》号外　昭和七年一月三日

（在奉天3日大江特派员发）

如果真正做到安全和平的世界乐土，充分形成农、工、商业的经济发展之前，绝不能放松军队警备的力量。在满民众三千万，其保护第一要军队的力量。这次行动造成的光荣牺牲的将士人数相当多。其牺牲在某种意义上，比起日俄战争时更加尊贵。国民在这一点上，更加深感激，铭记在心。

九一八事变后，《大阪朝日新闻》号外直白地指出，将士们的“光荣牺牲”，是“尊贵的”，将使国民“加深感激”“铭记在心”。这种观点发端已久，又延续至今，在日本国民中影响深远。按照这个逻辑，在侵略战争中献身的“勇士”们成了值得纪念的英雄。

日本民族有祭祀亡灵的传统。东京“靖国神社”就供奉着“二战”、包括发动九一八事变的甲级战犯牌位。难怪近年来，日本高层政要频频参拜靖国神社，遭到了包括中国在内的许多亚洲国家的谴责，激起了昔日被侵略国家民众的愤慨。

大连旅顺口有座山，很久以前名叫西官山。1881年，李鸿章视察旅顺船坞，他兴致勃勃地登上此山，当他得知不远处有黄金山，便脱口而说：“既有黄金，当有白玉。”白玉山的名字由此诞生。

日俄战争后，日军为了祭奠替“天皇陛下”效忠战死的亡灵，在白玉山北巅修建了一座“纳谷祠”，1907年又开始征用大批中国民工修建“表忠塔”，顾名思义，日本侵略者的用意不言自明。如今，纳谷祠已经不存在，表忠塔虽已更名为“白玉塔”，但祥和的名字涂抹不去历史的伤痕。

白玉塔，是中华民族含悲蒙垢的耻辱柱。日本投降后，很多类似的建筑物都被推倒或平毁，不忘历史的旅顺人却将白玉塔保留了下来，他们要让子孙后代永不忘记那段血火交融的历史。

前事不忘，后事之师。

《大阪朝日新闻》号外　昭和七年一月四日

“思念皇军健斗的满洲进行曲”

无论甲午战争还是日俄战争，那时候都有几首军歌制作。其中有表现国民和军队的如实的心情，有永久性，至今还在唱着。这次的满洲事变不是日支战争，但是为了死守在满蒙的生命线，皇军和日本国民一起站立，为国家形成一片，在紧张，这不叫战争也是战争，应当有个歌。

……

因此歌词并不是桌上的空想，在简单明了的句子中，渗透了真实感。

另外，堀内氏的作曲，采取日本音乐阳旋音阶的爽朗，愉快的曲调。我相信，能代表日本国民进守大陆的决心。歌词如下，希望在各家庭、学校、集会等时踊跃唱此歌。

从甲午战争到日俄战争，再到九一八事变，时间间隔了30多年。但日本征服中国的野心，从来就没有改变过，并且不断地昭彰。

《大阪朝日新闻》号外　昭和七年一月四日

满洲进行曲（歌词大意）

一、已往日俄战争时

埋入勇士遗骨地

抬头望见忠灵塔

鲜红血液染成的

夕阳映照塔身上

高高屹立旷野边

……

六、为了东洋保和平

我们献身埋地下

不惜牺牲为日本

关键保住生命线

八千万人同胞们

共同守好我权益

为九一八事变创作了《满洲进行曲》。右是作者大江素天氏，左是作曲者堀内敬三氏。

这首为九一八事变张目的《满洲进行曲》共有六段，仅择取歌词的第一、六段进行体味，就不难发现颂歌的主题：“不惜牺牲为日本，关键保住生命线。”

完整机构显现事变野心

日俄战争后，日本为了巩固既得利益和进一步独霸东北，在东北境内成立了一整套完整的侵略机构。先后建立的"南满洲铁道株式会社""关东厅""关东军司令部"是三个维持掠夺和统治的大本营，此外还设立了"驻奉天总领事馆"等机构，可以说是政治、经济、军事的三位一体。这些机构在推行"大陆政策"的战略目标上步调一致，一切活动都是为了实现日本的侵略和扩张服务的。

日本发动九一八事变时，"三位一体"的一致性，在事实中清晰显现出来。

在奉天日本关东军司令部出动的幕僚们。

《大阪朝日新闻》号外

昭和六年九月十九日

"总领事馆紧张，我军严戒周围"

（奉天特电 18 日发）

由于日支开战，奉天日本总领事馆进行了非常召集，时时刻刻到达本省的情报拍电报的同时，向各地领事馆通告开战，电示要求妥善处理。另外日支开战后，在其周围由我军做严戒。

满铁公所。

日本驻奉天总领事馆实际上是日本外务省派驻中国东北地区的总办事处，它通过外交事务的渠道，名正言顺地推行侵略政策。1928年4月至1931年12月，外交官林久治郎担任日本驻奉天总领事，这一时期正好是日本野心勃勃发动对中国侵略战争的关键时期。无论是皇姑屯事件，还是九一八事变前后，都能看到林久治郎“忙碌”的身影。

日本驻奉天总领事馆。

《大阪朝日新闻》号外　昭和六年九月十九日

“城内的日本人，依照总领事馆的命令，撤回了满铁公所”

（奉天特电19日发）

居住在奉天城内的日本人，按总领事馆的命令，午前2时10分开始，撤回到城内的满铁公所。

南满洲铁道株式会社，简称“满铁”，成立于1907年，管辖大连至长春间的铁路干线，后来扩展到安奉铁路和几个铁路支线。名义上是铁路公司，实际上是日本对中国东北进行经济掠夺和阴谋活动的机构。它的经营范围极为广泛，除了各车站的旅客运输、货物存储外，还经营开矿、电厂、土地买卖和建筑业，甚至铁路附属地的教育、文化、卫生、新闻出版事业也得到授权开办。“满铁”还设置了一些情报机构从事间谍活动。它的首任总裁后藤新平曾经露骨地说：“满铁总裁作为日本新国策的代表，必须是实现日本新大陆政策的主要人物，并且应如过去英国东印度公司一样，是日本帝国扩张政策打头阵的干将。”

“满铁”经常以“铁路附属地”的名义霸占沿线大量的土地，给中国民众带来了灾难。抗日名将吕正操的故乡辽宁海城县唐王山后村就在南满铁路旁边，少年时代的他亲眼目睹了日本侵略者对家乡人民的压榨与欺辱。上学以后，他为自己改名吕正操，意思是操练好了打日本。

为了管理从沙俄手中接管的南满铁路，1906年6月7日，日本天皇发布第142号敕令，公布设立“南满洲铁道株式会社”（简称满铁）的文件。时任台湾总督府民政长官后藤新平出任满铁总裁一职。后藤曾建议：“日本在满洲必须重点经营铁路，其余依次为开发煤矿，从本土移民和发展农业、畜牧业。如此才能有实力与俄国再次进行决战，或者为全面占领中国做好准备。”

至此，影响中国东北乃至整个中国近代史的重要机构——“满铁”，正式登上历史舞台。除了南满铁路，满铁还获得了安奉铁路的经营权。安奉铁路（丹东至沈阳）是日俄战争期间，日军擅自修筑的轻便铁路，该路连接南满铁路，通过鸭绿江大桥与朝鲜铁路相连，有着极其重要的军事价值。至此日本将朝鲜殖民地与中国东北连为一体。

《大阪朝日新闻》号外　昭和六年九月十九日

“关东军司令部下达命令”

（联合大连 19 日发急报）

接到在奉天的支那兵袭击日兵事件的急报后，关东军司令部立即下达如下的善后处理命令。

一、奉天驻在部队，在稻见中佐统率下，担任附属地的治安维持。

二、第二十九联队，以支援友军为目的，进行扫荡奉天商埠地之支那兵之任务。

《大阪朝日新闻》号外　昭和六年九月十九日

“宪兵本部也在增援”

（奉天特电 19 日发）

关东军司令部宪兵本部长二宫少将决定率领增援宪兵队，急行奉天。

关东军司令部旧址博物馆，坐落于素有“半部中国近代史”之称的旅顺，现是旅顺爱国主义教育基地之一。这座老建筑历经了百年沧桑，数易其主，阅尽历史风云。

日本关东军所谓的关东，是指山海关以东，即辽宁、吉林、黑龙江三省的区域，也就是日本所说的满蒙的同义语。而 70 多年前，关东军司令部曾经是日军发动殖民统治的“黑色心脏”。

日俄战争后，日军约两个师团的兵力，借口保护南满铁路和侨民安全，赖在中国东北不走，1919 年命名为关东军。关东军司令部设在旅顺，司令官由日本陆军现役大将或中将充任，直属于日本天皇。关东军的常驻军有 1 个师团和 6 个独立守备队，总兵力约 2 万人，分布在南满铁路沿线的主要城镇和沈阳、长春、辽阳等地，是日本推行侵华政策的急先锋。

1931 年九一八事变发生的当天夜晚，关东军司令部由旅顺向奉天搬迁。今沈阳市中山广场沈阳总工会大楼，就是关东军司令部旧址。

《大阪朝日新闻》号外　昭和六年九月十九日

"关东厅警官200名，急赴奉天"

（电通大连19日发）

关东厅接到在奉天的日支兵冲突之急报后，从旅顺大连警察署先出发警官200名，在阪井警部带领下，乘午前零时发的快车，赴奉天去应援。

关东厅是日本在南满地区推行殖民统治的政权机构，管辖所谓的"关东州"的区域。关东州是日本对所霸占的辽东半岛普兰店至皮口一线以南地区的称谓。关东厅的长官由天皇亲自委任，他还兼管"满铁"沿线的警察事务。关东州厅长官有发布命令、征用劳役、禁锢与罚款权以及向陆海军司令官请求用兵之权。关东州厅内，除设有长官官房外，还有内务、经济、警察三个部。通过上述机构的设置，日本便在旅大地区形成日驻伪满大使、关东局、关东州厅层层隶属的殖民统治体系。

关东厅下设官房（办公厅）、民政部、外事部。外事部部长由奉天总领事担任，可见关东厅长官地位的显赫。日本政府通过关东厅，把辽东半岛和南满"铁路附属地"，变成了推行"大陆政策"的基地。

这三位一体的机构，有如相连紧扣的链环桎梏在黑土地上，通过武装侵略的九一八事变，满足了占有权膨胀的欲望。

狂妄必然愈益加剧

日本帝国主义当然不会仅仅满足"关东州""铁路附属地"这已得到的特权和利益。这些只是"开拓万里波涛""布国威于四方"狂妄的开始。

1927年6月，日本新内阁刚刚上台才两个月，在首相田中义一主持召开的"东方会议"上就做出了《对华政策纲要》新决策。强调为实现侵华政策，不惜“在满洲实行强硬手段”。会后上奏日本天皇的《田中奏折》，赤裸裸地宣称：“惟欲征服支那，必先征服满蒙。如欲征服世界，必先征服支那。”

有这样的内阁、这样的奏折、这样的政策，日本对东北的侵略，必然要日甚一日地加剧起来。

通过号外报道的“南陆相向首相汇报”，就可以知道什么叫心照不宣。

《大阪朝日新闻》号外　昭和六年九月十九日

“南陆相向首相汇报”

南陆相在职 19 日午前 2 时，接到日支两军冲突的电报后，立即向若木规首相、币原外相，安保海相做汇报。同时取得了作为陆相对这事态对策的谅解。以后连续到达的情报也详细汇报内容。

下面择取了号外中的一段报道，里面记录了日军在 1932 年 1 月 3 日举行攻占锦州入城式的报道内容。从高谈“新满蒙创造”中，不难看出日本侵略的变本加厉，另有所图。

《大阪朝日新闻》号外　昭和七年一月三日

（在奉天 3 日武内特派员发）

新满蒙自由国建设的同时，作为我国生命线确保的绝对条件，被人重视的是满洲总督制实施说及满铁改革必要论为代表的学说。

日本方面的在满各机关统一问题和日支新满蒙关系的基础，日满经济关系确立等问题，如何处理是关键，何时建立满洲自由国，以什么样方式，在什么样形态下组织，还有日方机关的统一，日满经济关系确立有什么样转折点。今后在这个新满蒙创造是一个引人注目的问题。

20 世纪 20 年代，沈阳称为奉天，是东北地区的政治、军事、经济、

呈和平景象的奉天城内。

繁华的四平街。

文化的中心。绿林出身的奉系军阀张作霖，在日本别有所图的支持下，坐上了“东北王”的宝座，也卷入了日本称霸的“大陆政策”的旋涡里。

1926 年以后，张作霖坐镇北京，问鼎中原，挟制了北洋军阀政府，出任安国军总司令、中华民国军政府陆海军大元帅。当以蒋介石为首的国民党新军阀北进讨伐，形势于张不利时，日本乘人之危，以威逼解决“满蒙诸悬案”为条件，帮助张作霖对付蒋介石。昔日为扩充实力，对日本才表示愿意合作的张作霖，对这些已危及民族利益和“东北王”统治的要求，是不会答应的。这个时期，中华民族反对日本侵略的情绪，在全国各地已经日益高涨，审时度势，张作霖拒绝了日本提出的苛刻条件。

日本要借重张作霖奉系军阀之力，实现吞并满蒙的野心，张作霖为了称王东北，进取中原，也须依靠日本作后台。双方在相互勾结、相互利用中，也存在相互矛盾和冲突，以至水火不相容。

1928 年 6 月 3 日，在军乐声中，大元帅张作霖威风十足地坐上专列，由北平（今北京）前门车站往奉天出发，列车行驶到邻近奉天的皇姑屯三洞桥时，遭到暗算。张作霖被抬回大帅府后不久，伤重身亡。皇姑屯事件从表面看好像有些出人意料，其实是日本帝国主义妄图霸占东北的必然结果。

张学良处理完父亲的丧事之后，子承父业就任东北保安司令，主政东北，稳定了政局，挫败了日本帝国主义乘机制造动乱的阴谋。

1927 年 9 月，当日本推行“东方会议决策”，通过“满蒙交涉”，拓展在东北的特权、显露出昭然若揭的侵略嘴脸时，东北三省就发出了阵阵呐喊：

沈阳，10 万民众举行反日示威大会，成立了“外交后援会”。

吉林，各社会团体表示不惜于一战，坚决要求拒绝“满蒙交涉”。

齐齐哈尔，数万人列队游行，“打倒日本帝国主义”“誓死反对日本”的口号响彻云霄。

悲愤交加的张学良，国恨家仇系于一身。但他深知复仇雪恨，抵制日本侵略，仅依靠东北一隅的力量，嫌势单力薄，不足以奏效。

于是，他积极主张南北议和，改旗易帜，归附南京政府。日本闻听此消息，非常吃惊，不但力阻，而且公开对他威胁说：“我们就是不准你挂旗。”张学良抱定了决心：“日方欺我甚，誓必易帜，即死于青天白日旗下，吾亦甘心。”

1929 年年底，张学良发表通电：“宣布遵守三民主义，服从国民政府，改旗易帜。”这一爱国至诚的行动，无疑是对日本大陆政策的严重挑战，并给予当头棒喝。

侵略就要寻找借口，没有借口就要刻意制造摩擦。

于是，1931 年春天江河解冻时，日军在位于长春北 65 华里的万宝山镇（今属吉林省德惠县万宝镇），蓄意挑起了“万宝山事件”。

与日本人过往密切的“长农稻田公司”经理郝永德，将稻田违约转租给了朝鲜农民耕种。因截流筑坝、挖渠引水，将造成河水上涨，淹没数万亩土地，受害的中国农民据理阻拦。中国政府和驻长春的日本领事馆动了交涉后，日本官方却趁机插手，不仅唆使强行突击施工，还派日本警察持枪保护。顾虑乡土的中国农民，在忍无可忍的情况下，齐心协力填渠平坝时，日本警察竟然开枪镇压。

与此同时，日本在朝鲜国内危言耸听，掀起了反华排华的浪潮。又在本土大肆鼓吹“满蒙生命线受到威胁”，要寻求用武力“根本解决满蒙问题”的办法。

“万宝山事件”余波尚未平息，日本帝国主义又借“中村事件”，煽动战争狂热。

1931 年 6 月，日本参谋总部的大尉中村震太郎化装成中国商人，非法潜入中国边防要地兴安岭、索伦山一带进行军事侦察时，被当地驻军发现，搜查出军用地图、日记、笔录等物证。确认系间谍侦察时，官兵们激于民族义愤，遂将其就地秘密处死。

《大阪朝日新闻》号外　昭和六年十一月二十二日

（20日在齐齐哈尔大泽特派员发）

那个与中村少佐一起被枪毙的井杉曹长开业经营的昂荣旅馆里，东支铁路附属地有护路军、巡警们，腰佩手枪或肩扛刺刀，警戒残兵败将的乱入，气氛很紧张。站在大地上，寒气刺骨，超过零下30度，全要冻僵。

发动九一八事变后，日军直到占据昂昂溪时，还耿耿于怀中村事件。

日方查知后，一面向国民党政府提出强硬抗议，一面在本土各地报道日本政府的声明。正在千方百计寻找战争借口的军政要员，纷纷发表演说，鼓噪“满蒙危机”，朝野上下一片“此事应用武力”的叫嚣。

正忙于“剿共”的蒋介石打来电话，要张学良查处此事。

张学良几次向蒋介石发去密电，提醒他“东北之安全，非借武力无以确保。”他在电报中还说：“由万宝山事件及韩人排华风潮以观，日本推展其大陆政策，有急侵满蒙之意，已无疑问。”“事既关系满蒙存亡，吾人自应早为之计。”

而蒋介石则给张学良拍来电报，要张学良严肃处理枪毙中村的有关人员，电报还说：“我国遵守非战公约，不准衅自我开。”“无论日本军队此后如何在东北寻衅，我方应予不抵抗，力避冲突。吾兄万勿逞一时之愤，置国家民族于不顾。希转饬遵照执行。”

这两个事件，只是日本挑衅和制造的借口，日本帝国主义明目张胆地实施侵略东北的野心和阴谋，朝野上下一片忙碌，加紧军事部署。

事变前夜的狰狞

张学良主政东北，毅然易帜，实现了国民党南京政府名义上的统一，但各派新军阀混战更加剧烈，使南北一统仅仅停留在名义上。

1930年4月，蒋介石、冯玉祥、阎锡山刀兵相见，在大动干戈中爆发了中原大战。张学良拥护中央，呼吁和平，率10万强兵进驻平津调停。而后就任国民政府陆海空军副总司令，设行营于北平。

1931年7月，为了讨伐石友三叛乱，东北军主力编成两个集团军。战事结束后，两个集团军的九个步兵旅、三个骑兵旅、两个炮兵旅大部分都留驻关内，有的还拱卫京畿，连同陆续入关的部队，到九一八事变前夕，辽宁原有的14个国防步兵旅被调离了10个，黑龙江仅有的两个国防步兵旅全部调进关内。东北军的六个骑兵旅中，除了骑三旅原地未动外，其余均调进关内，炮兵除了黑、吉、辽三省各留守一个炮兵团外，其他的也离开了东北大地，致使东北三省防务空虚，辽宁首当其冲。

先哲孟子说过："家必自毁，而后人毁之；国必自伐，而后人伐之。"家中自相残杀时，日本帝国主义却加速了发动侵略战争的步伐。

1931年春，"万宝山事件"的季节里，关东军司令部制定了"处理满蒙问题方案"，规定在满洲采取军事行动时，关东军必须集中于沈阳，取"先发制人"的策略。4月中旬，日本军部以换防为名，将关东军战略兵团，换成士兵多为生长在日本北部寒冷地区的精锐师团，以便军事行动中，适应东北的气候条件。

"中村事件"处理过程中，参谋本部和陆军省积极策划武力侵占东北的方案，拟定了《解决满蒙问题方策大纲》。为了攻占沈阳之需，参谋本部从国内调来两门重型榴弹炮。将其秘密安置在驻守沈阳的独立守备队兵营内。一门对准了东北军兵营北大营，一门对准了飞机场。

关东军人事变动，更是重要的措施之一。担任过张作霖顾问和驻华使馆武官，对东北情况非常熟悉的本庄繁中将，被任命为关东军司令。主持制定《解决满蒙问题方策大纲》的建川美次少将，担任参谋本部第一部（作战部）部长。被视为"中国通"的土肥原贤二大佐，担任奉天特务机关长。

本庄繁到任后，即部署了"满洲时局对策的根本方针"，审查早已制定的“作战方案”。将驻大连柳树屯的日本铁道守备队，秘密调往沈阳。日本在东北各地的“在乡军人”，奉命集中到沈阳、长春、哈尔滨。随后，他对南满路和安奉路沿线城镇的日军，进行了巡视、检阅，组织了军事演习，检查应变准备工作。

在奉天新年祝贺会上，本庄繁司令官（左一）干杯。

关东军的野心，是有呼应的。

《大阪朝日新闻》号外　昭和七年一月四日

“仰望日本国旗，重新焕发的锦州市民”

“在锦州城头高高飘扬的沾满鲜血的国旗——是朝鲜残留部队的青年士官们，切手指头染成的”

（在锦州 3 日　高桥特派员）

3 日午前 7 时 40 分，我军装甲列车入城锦州后，没经过 5 分钟，在高有 70 尺的锦州城西门上，高高挂起长 5 尺、宽 4 尺的大日本国旗。关于这日本旗，有令人钦佩的美谈。旧腊月二十八日决定，朝鲜罗南 O 团的依田 O 团出动，命令下达其中汉江 O 兵 OOO 队为残留部队留下时，这几个月来，一直做好准备等待出动的该联队的将士们，非常灰心丧气。尤其是植田中尉为首的独身者中尉 10 名，商定为了表示至少把我们的心意运到锦州去，切左手指头，用干净碗接，用它画直径 2 尺的太阳旗，委托战友把它带去锦州城。3 日晨，依田 O 团第 OO 队的白浜中尉乘装甲

1月3日午前9时，日军罗南部队在锦州东大门上，高呼三次"万岁"。

列车，到了锦州后马上按照战友委托，跑上城门挂起了血染的旗，三呼万岁。

为了在中国城市"挂起了血染的旗，三呼万岁"，九一八事变前，从1929年到1931年7月，关东军高级参谋板垣征四郎等人，在东北各地连续4次"参谋旅行"，拟定作战方案，组织大规模军事演习。

9月14日至17日，日军气焰嚣张地连续在北大营一带组织军事演习，并在沈阳街头张贴布告，声称："大日本奉天驻屯军，近日以来举行秋操，满铁附近居民闻枪声勿得惊慌。"18日，本庄繁在辽阳检阅部队时指示："现在满蒙的形势日益不安，不许有一日之偷安。当万一发生事端时，希各部队务必采取积极行动，要有决不失败的决心和准备，不可有半点失误。"他在巡视后，连夜归抵关东军司令部。

这一系列周密策划和精心部署，犹如搭在弦上的罪恶之箭，一触即发，显露着日本帝国主义发动战争的狰狞。

《大阪朝日新闻》号外　昭和六年九月十九日

“关东军司令部下达命令”

(联合大连19日发急报)

接到在奉天的支那兵袭击日兵事件的急报后，关东军司令部立即下达如下的善后处理命令。

九一八事变在爆炸中发动了，为了达到狼子野心，《大阪朝日新闻》号外还在欺瞒着舆论。

《大阪朝日新闻》号外　昭和六年九月十九日

“暂时观看形势发展，一切由关东军酌情处理。不至于出现整个满洲的冲突——这是我陆军的态度”

关于在奉天的日支冲突事件，陆军方面至今还没有得到详细报告，因此，综合首脑部的意见大约如下：

这次的事件像是突发的事件，其实最近几天来，有些不稳的先兆，土匪的横行，出没可疑人物等，使人感觉奇怪，果然发生事了。可是关东军有独立守备队约5000名，第二师团派遣军约7000名，共计有12000名的兵力。

九一八事变专题号外问世后，陆军方面有了欲盖弥彰的机会，于是喋喋不休说，“不至于出现整个满洲的冲突”，“这次的事件像是突发的事件”，“还没想对策”。

《大阪朝日新闻》号外　昭和六年九月十九日

现有的情况是还没迫切到需要从朝鲜或内地派兵增援。如果有必要，

日军整齐排列在龙山站月台准备出发。

当然采取迅速手段从朝鲜增援。但是一切由关东军司令官酌情处理，如果没有司令官的电请，只能做稳定观察。暂不能预想到这次冲突引起日支间的全面的战时状态，因此不会出现断绝日支国交等。不过惹起这样事态就说明我国外交方针软弱，被认为是日本好欺负。在这一点上，现内阁不能推卸责任。如果支那方面继续采取粗暴的行动，那么不认为是局部的冲突而放过。坚决地用我实力，彻底使它屈服。(东京电话)

日本驻朝鲜军，即日本常驻朝鲜的侵略军的统称。1894年6月，日本军部派遣陆军少将大岛义昌率领一个混成旅团侵入朝鲜，7月，又向朝鲜增兵，发动了中日甲午战争。《马关条约》签订后，日本取得了对朝鲜的控制权。从

在朝鲜龙山站的日本小国民，欢送接受命令开往中国东北的第二十师团步兵第七十八联队。

此，日本开始在朝鲜派驻军队，并设置朝鲜军司令部。任务是确保朝鲜的“独立”和“领土完整”，防御来自大陆方面的敌人的袭击。1910 年，日本正式吞并朝鲜，设立朝鲜总督府，以朝鲜军司令官为总督，直接受命于天皇。同时，以日军第十九师团、第二十师团主力编组成新的日军驻朝鲜军。

号外上通过东京电话的采访反馈，毫不犹豫阐明“如果有必要，当然采取迅速手段从朝鲜增援”。其实，瞒天过海的真实目的，冒天下之大不韪。

从下面的号外报道中可以看出发动九一八事变，关东军是经过精心策划的。除奉天方面做出了准备外，在朝鲜的日军也有所反应。

《大阪朝日新闻》号外　昭和六年九月十九日

（电通京城 19 日发）

朝鲜军收到 18 日夜在奉天北大营的日支两军正面冲突之情报后，马上紧张起来，即便是夜深，参谋部全体人员总出动。以情报为中心，聚集一起，进行商议。因形势越来越重大，午前零时半，对管下的十九、二十两师团，下达重大指令。全军在紧张状态。

在龙山第七十八联队内，步兵磨刀霍霍。

关东军发动了九一八事变，在参谋本部召开了陆军省和参谋本部的时局对策会议。最后，全体对增加兵力达成了一致意见。

《大阪朝日新闻》号外　昭和六年九月十九日

“对朝鲜的两个师团下达非常准备命令，紧张中协议对策”

接到在奉天日支两军冲突急报的朝鲜军司令部，突然紧张，在19日拂晓各参谋全员到厅，

在“万岁”的欢送声中，朝鲜师团从龙山站开赴东北。

对军属雇员也进行非常召集，在各自的部署上岗。在 18 日夜，向出差到南朝鲜地方的几任参谋长发出了紧急归任的通知，同时对管下的第十九、二十两个师团下达立即进行非常准备的命令。军参谋部紧闭室门，根据奉天的情报进行密议。（京城电报）

正在进行准备时，朝鲜军司令林铣十郎发来电报，已命令两个飞行中队增援关东军，并命令一个混成旅团准备向沈阳出动。决定增兵不久，日本政府在“不扩大事态”的方针之后，即承认了驻朝鲜的军队，即朝鲜军越境，并决定支付经费，使侵略战争得以扩大，同时天皇也批准了出兵。

所以，当日本发动了“九一八”，取得骄人战报时，朝野一片心照交欢。

救国会为民族生存而战

九一八事变后，东北沦陷在日本侵略者的铁蹄之下，全中国人民都非常愤慨。

日军在奉天附属地入口处的夜间警戒。

日军守备兵在十字路口警戒。

事变的第二天，日军摇晃着太阳旗在沈阳横冲直撞时，中共满洲省委立即发表了《为日本帝国主义武装占领满洲宣言》。宣言揭露了日本发动九一八事变蓄谋已久的阴谋和国民党当局的不抵抗政策。提出"只有工农兵劳苦群众自己的武装军队，是真正反对帝国主义的力量"。要求各地党组织，要利用各种机会，采用各种形式宣传和动员群众，反抗日本帝国主义的侵略。

当时曾参与文件讨论的赵毅敏后来回忆说："那时候我们党是秘密的，又不能登报，不像现在。当时省委把文件刻印出来后，通过共产党员、共青团员和进步学生，在街头热闹的地方偷偷一撒，带到学校往同学的书桌里一塞，宣言就发出去了。"

9月22日，中共中央做出了《关于日本帝国主义强占满洲事变的决议》。要求加紧组织领导发展群众的反帝国主义运动，大胆地警醒群众的民族自觉，而引导他们到反帝的斗争上去。就是在这同一天，匆匆忙忙刚从"剿共"前线返回南京的蒋介石发表演说，提出"暂取逆来顺受态度，以待国际公理之判断。"

中共的决议充分表达了东北各族各界同胞和全国人民的意志。"打倒日本帝国主义"的吼声，响彻了白山黑水，长城内外和大河上下。

日本谚语有这样一句：人世变化无常。在东北民众面对国破家亡的局面，发出声势格外雄壮的吼声时，也传来了日本琦玉县、高崎市关东大地震消息："关东强震的惨害——电送。"

节外生枝，之所以在这里谈到这个消息，是因为《大阪朝日新闻》号外昭和六年十一月二十一日，刊载了两张照片。除了下面的寥寥解说词，没有说明其他情况。不知在九一八事变报道紧迫时，为什么会忽然插上这消息。

在东京附近的几个县中，琦玉县是和东京接壤最多的县，下辖的市达43个，位居全国第一。琦玉县的主要城市川越，有小江户之称，今天的川越市依然保留着集中了许多江户时代工商业者的仓库和店铺的一条街，住宅都是木造，唯有仓库是土造的。有很厚的墙，冬暖夏凉，是专为从地震与火灾中保护家财而设计的。

高崎市也位于关东平原，位于东京以北，距东京约100公里。高崎市是以交通及商业为中心，具有悠久的历史，并且还发现很多古人生活的遗迹，以此可得知，在1400年前，人们就过着富裕的生活了。江户时代（1600—1868）就是诸侯的城邑。

为存留，上面小记资料。

张学良接替父任主政东北时，东北国民外交协会、国民常识促进会、拒毒联合会等爱国抗日的群众组织，在张学良的支持下，曾开展了一系列使日本帝国主义为之恼怒的斗争。

如“万宝山事件”时，日本在朝鲜国内大造舆论，掀起了反华排华的浪潮，致使大批在朝华侨的生命和财产蒙受了巨大的损失。东北国民外交协会就曾前往朝鲜对华侨慰问。

九一八事变后的第二天，心存报复的日军，便按开列的名单，到这些组织的办公地点进行搜捕。

曾任辽宁省政协副主席的卢广绩，就在其中。我采访时，他曾经说：“其中的主要负责人等已无法在沈阳留居，拥挤在同样行色匆匆的难民中，先后流亡到北平。一行人到张学良设置的北平行营，恳望张学良率子弟兵杀出关外，抗击外辱，收复失地。但昔日敏捷果敢的张学良，眼下思虑重重，处在矛盾的旋涡之中。虽然国难家仇集于一身，但恐违背了蒋介石不抵抗的政策。他仍持听候中央指示，寄希望于'国联'主持公理。"

《大阪朝日新闻》号外　昭和六年十一月二十二日

"形成长期僵局后，打开了谈判的僵局，绝对有利于日本进展的公开的联盟（联合国）理事会"

（巴黎特电 21 日发）

在 21 日公开的理事会的气氛是，自从 9 月满洲问题审议开始后，头一次明朗化。所有的各国代表，明确表示接受日本提出的调查会案，会议如实地反映着，已经打开了前后长期的僵局，找到了光明前途。会议在今后的任务是做成决议案，决定调查会的任务及人选等。关于这些问题也决不能乐观，待于发挥我外交手腕之处很多。因为日本关于调查会的任务及范围有自己的方案，支那也保留对关于调查会的具体细目的决定修正权。

事变发生后，日本当局把九一八事变当作一个"突发"事件。似乎日本军部与政府的看法不同，这些都是骗人的鬼话。制造九一八事变的具体计划，固然是由关东军校级军官策划的，但计划一旦执行，立即得到关东军司令本庄繁的支持。制造柳条湖南满铁路路轨爆炸是一件不大的事件，调动师团兵力进攻沈阳以及东北各省却不是一件小事。如果日本认为制造柳条湖路轨爆炸是错误的，就应该立即惩处肇事人员，而不会发生进攻沈阳和东三省的侵略行动。

南京的中国政府把遏制日本侵略的希望寄托于英美等列强的出面干涉，幻想依赖国际联盟压迫日本撤兵，与日本达成某种妥协。中国外交部向日本提出三次抗议，并向国联提出申诉。

中国代表要求"国联"主持公道，敦促日本撤军。但是，日本却断然拒绝接受决议案，并且在东北继续向北推进，占领黑龙江省会齐齐哈尔，准备完成整个东北三省的占领；又在天津制造事件，与中国发生冲突。日本侵略中国的目标，显然已超越东北而觊觎长城以南。

《大阪朝日新闻》号外　昭和六年十一月二十二日

“支那也承认日本方案，央求百方，无人理支那的主张”

（巴黎特电 21 日发加急报）

在 21 日公开理事会席上，支那代表施肇基氏承认了日本的共同派遣调查员的提案，决定撤兵没期限，但希望迅速完成可行的撤兵。

支那代表对日本没有大骂，老老实实接受是使人意外的。据说是支那一直在理事会召开之前，还抱着立即撤兵的主张，根据第十五条要控诉，哀求了各国，向议长普利安氏提交了书面意见。但支那哀求的联盟事务总长吐拉蒙氏和普利安氏，完全不采纳，反而批评支那，日本已有了具体的解决方案。支那反对圆满解决事态的建设性方案。提出十五条等破坏性提案是岂有此理。无计可施的支那，在 21 日晨到吐司大使处多次恳求说，要提出十五条，吐司大使拒绝说，十五条的问题是属于联盟范围，不是美国参与的事。支那知至今无一人支持支那的立场，认输接受了日本方案。

视察奉天北大营战事的外国武官们。

日本发表《关于满洲事变的第一次声明》，诬指“中国军队破坏了南满铁路的路轨”，强称日军“有必要先发制人”。国联理事会通过九项决议：要求中日双方防止事态进一步扩大。日本代表虽在决议案上签字，但日本内阁并没有约束军方。关东军继续炮轰通辽，轰炸锦州，国联并未谴责侵略者。

此时，号外上报道的“国联”消息，及时为鼓动日本侵略张目。得以领略了日本侵略者亡我之心，深痛枪炮下沦陷的东北各界爱国人士，闻听了张学良的苦衷和心态，无言劝对，很是失望。

可以宽慰的是，张学良闻知东北各界要联合起来，成立一个统一的抗日组织时，不但未加阻止，还表示暗中可以给予帮助。当提到东北军的部分将领可否参加这一组织时，他亦默许。

九一八事变一周后，原“东北国民外交协会”等抗日团体负责人阎宝航、杜重远、车向忱、高崇民、卢广绩等人，在抗日爱国思想的支配下，召集流亡在北平的东北界代表和爱国人士，商讨发动组织东北民众抗日救国会，动员群众起来抗日，以及组织东北抗日义勇军的问题，以便领导东北人民的抗日复土斗争。到会人员均表赞成。

当年，奉天会馆坐落在北平西城西单旧刑部街（今民族饭店位置）。明代，此街因刑部在此而得名。清代刑部移迁，此处仍延续称名旧刑部街。

9 月 27 日，大会成立那天，到会人员极为踊跃，齐聚奉天会馆，与会的 500 余人，群情激愤，坚决反对南京政府的不抵抗政策，遂决定成立“东北民众抗日救国会”。会址设于奉天会馆。

此即九一八事变后，东北成立的第一个抗日救亡组织。

东北民众抗日救国会成立的第二天，便在发表的宣言，即《告东北民众书》中，一针见血地痛斥了日本帝国主义制造的九一八事件，“以与倭奴决一雌雄”。这是“为民族生存，国家安宁”所进行的“最后之战”。

救国会成立后不久，曾组织“东北民众救国请愿团”，经由上海，赴南京请愿，要求面见蒋介石。

蒋介石躲藏在中央军校，见实在无法回避了，才迫不得已在礼堂接见了请愿团，蒋介石接见时却说："静候中央处理，依靠国联正义制裁。"

九一八事变后仅一周的时间，为日军所占领的城市已达30余座，但国民党当局仍是毫无抗战之意，一味强调要"依靠国联"。

1931年10月初，中国驻国联代表施肇基照会国联秘书长，要求立即召开理事会，采取措施恢复事变前状态，赔偿中国损失。国联理事会未能通过要求日本在限期内撤军完毕的中日问题决议案。日本政府随即发表《关于满洲事变的第二次声明》，再次为其侵略行径辩护。

《大阪朝日新闻》号外　昭和六年十一月二十二日

"接受我方代表提议的调查员派遣方案"

"普利安议长表扬说，'方案既具体又明确'"

（巴黎特电21日发加急报）

21日午后4时35分，召开了联盟理事会公开会议，首先普利安议长提出希望，日支两国根据9月30日的决议，能得到解决。然后芳泽代表提案，派遣共同调查员，普利安氏支持这方案做演说之外，平稳结束了。最后，议长普利安氏声明，把日本的提案作为原则，接受它，今后决定细节问题后定决议案。会议在6时15分散会。

而"国联"的一纸决议，丝毫无碍日本侵略者的我行我素。昨日的惨痛，今天的状况，激起了国人更大的义愤。

请愿团群情激愤，递送上请愿书后，痛陈东北民众水深火热之痛苦，责问日本拒不执行国联要求日军撤兵的决议，政府该做何打算。站在台上的蒋介石说："你们所责难的话未免过火，至于最后所问的具体办法，则容俟当面答复各代表，不便当众宣布。"

蒋介石面露愠色地急忙退入后台。也许缘由维护尊严，也许为了表明观点，十几分钟后，他又返身回到台上，对大家说："不要听信谣言挑拨，要镇静听候中央处理。""到必要时候，中央一定抵抗，还要依靠国联正义制裁。"说完，在军警的保护下就离去了。会场内顿时群情鼎沸，呼喊叫骂之声，不绝于耳。

请愿的结果如何呢？当年请愿团领导人之一的卢广绩，在后来的回忆中写道："就在这天夜里，警察突然闯进了我们住宿的金陵大学请愿团驻地，硬说我们这里有共产党撒传单。我们根本不清楚这件事，也未看到什么传单，最后警察也没检查出什么。对此，我们非常气愤，曾严厉指问当地国民党当局："我们向政府请愿有什么罪？"

大家知道这是无事生非，纷纷斥责他们在国难当头之际，竟然对爱国民众兴师问罪的行径。有感于此，有的人愤慨得失声痛哭。

第二天一早，请愿团在下关码头离开南京时，中央军校二三百名东北籍学员，有组织地赶来送行。当队伍过江时，船上的离去人，岸上的送行者，无不热泪潸然，心头萦绕着亡土亡家之痛。

轰鸣的车轮，辗碎了寄希望国民政府出兵，收复失地的幻想。"东北民众救国请愿团"返回北平，痛定思痛，只有将血肉筑成新的长城，抗击侵入家中的强盗，才能在救亡图存中有所作为。

九一八事变后，日军武装占领沈阳直至整个东北后，东北人民自发地组织起来抗日。救国会对这些抗日队伍统称为抗日义勇军。成分主要由共产党、工人和农民组成，还有学生、知识分子、军人、警察、士绅和绿林人物。虽然其成分复杂，队伍称谓不一，举义规模有大小，地域有别，但都把他们划为义勇军的范畴。辽宁境内的抗日义勇军除了58路和20余支队外，还有许多支自发的抗日武装，如大刀会、农民抗日军、山林队、民团等抗日队伍，总人数约30万人。

对此，号外报道了侵略者对义勇军露骨的仇恨。

《大阪朝日新闻》号外　昭和七年一月二日

"支那义勇军的内情，其兵力弄清楚"

（奉天特电 1 日发）

关于北宁支线沿线的支那义勇军的内情，根据辽宁义勇军第二旅第九大队本部没收的文件，及据士兵谈话综合一下，田家坟附近的兵力是干部 18 名，下士 398 名，干部全是官兵，各手下配置土匪头目，从锦州军接受弹药的供给之事已弄清了。另外，调查写给土匪德好的一封信，奉天省里至少有 14 处义勇军总本部，一本部为九大队组织，推测义勇军总兵力为五万，他们是以公安队为中心编制，以对日抗战为目的。这些义勇军势力范围达郑家屯方面，捉人质，掠夺金品等，做无限暴行。

任鸿在《〈国歌〉与盘山义勇军》中记载：1931 年 9 月 23 日，即九一八事变爆发后仅仅过五天，日军把守的营口发电所和立科水源地，便遭到一股来自民间武装的猛烈攻击。他们围攻发电所，炸毁水源地的供水设施，造成了营口地区的全面停电停水，使营口市区一片混乱。

打响这第一枪的就是盘山的张海天、项青山、盖中华和蔡宝山组织起来的民间武装。

9 月 19 日，当日军占领沈阳城的消息传到盘山，在震惊与愤怒的同时，张海天、项青山便联络盖中华、蔡宝山、傅金龙等江湖好汉，共商抗日大计。在国难当头、家园沦丧之际，他们清醒地认识到，只有拿起武器，起来斗争才是保住家园的唯一选择。张海天、项青山、盖中华、蔡宝山、傅天龙等，首先在盘山县沙岭一带扯起了“讨日扶民救国军”的大旗，履行起“守土保家、抗日救国”的职责。

《营口记事》中记载：1931 年 9 月 23 日，“讨日扶民救国军”400 余人，分别袭击了日军驻地的田庄台发电所和立科水源地。9 月 24 日，抗日武装 100 多人在田庄台与日本守备队展开激战。9 月 25 日 22 时 50 分，民众自发抗日队伍拆除了沟营铁路河北站附近一段铁路，以阻止日军相互增援。

这是九一八事变后，日军第一次遭受中国民众武装的打击。

面对穷凶极恶装备精良的日军，抗日义勇军组织分散，装备低劣，他们最后失败了，但他们将永远得到人们的歌颂和敬佩。

抗日义勇军是在血与火中产生的民族英烈。正是这些抗日义勇军把血肉筑成新的长城，抗日义勇军的英雄业绩和爱国情怀，不但鼓舞了全国人民，而且深深感染了著名词曲作家聂耳、田汉。促使他们亲临抗战前线劳军采访，为后来创作《义勇军进行曲》提供了可资借鉴的生活源泉。这也恰恰说明，风起云涌的辽宁义勇军救亡图存的抗战精神与辉映千秋的业绩，孕育并奠基了后来成为国歌的《义勇军进行曲》的架构和旋律，成为取之不尽、用之不竭的创作源泉。抗日义勇军用鲜血和生命捍卫民族利益和祖国的尊严。

邓铁梅威慑安奉线

在辽宁的东南部，有一块由安奉铁路（沈丹线）、南满铁路（长大线）和黄海海岸围成的狭长三角形地区，史称"辽东三角地带"。

凤凰城，俗称凤城。它近依边城安东（今丹东市），南出直逼"关东洲"，北下通连本溪、辽阳，是"辽东三角地带"的战略要地。

九一八事变之前，日本就将凤城车站附近划为了附属地，驻有铁道独立守备队、宪兵队。

《大阪朝日新闻》号外　昭和六年九月十九日

"安东守备队，准备出动"

（安东县电报）

安东守备队，以重松大尉以下全体人员，完备了出动准备，安东站的军需输送已备好，形成异常的紧张状态。另外，在支那街方面，有便衣队蜂起情况，我官宪在极力戒备中。

九一八事变之夜，关东军驻守安东的守备队，“完备了出动准备”和备好输送军需。这个夜里，守备队极力戒备的是当地警察。

《大阪朝日新闻》号外　昭和六年九月十九日

“从朝鲜军方面，补充弹药”

朝鲜军司令部，根据18日在铁路局召开的军需运输结果，已经制定了运输计划，决心万事不让出现误算。首先，对关东军补充弹药之事，一切准备完了，当19日拂晓开始运输。

发动事变前，关东军就与朝鲜军默契，所以事关成败同安奉线紧密相连。这就是号外为什么专题报道，格外关注“辽东三角地带”动态的原因。

日军占领凤城的第二天，便成立了维持会，在不到一个月的时间里，先后逮捕了几十名爱国人士。一时间，凤城内外血雨腥风，人人自危。

日军虽然在此拥兵自重，但这里的高山密林，重峦叠嶂，却又为抗日武装提供了天然的便利。

9月19日午前9时，日军警戒占领的安东（丹东）商埠公安局。

9月19日午前9时，安东公安队解除武装后的武器和弹药。

曾任凤城警察大队长和公安局长的邓铁梅，深感亡国之痛，征得黄显声的支持，于10月下旬成立了"东北民众抗日救国自卫军"。

邓铁梅深知此战成败至为重要，他先是接连几天多次派人潜入城中，摸清了敌人的兵力配置和火力分布。然后对主攻、阻援、预备队进行了周密的部署。

日军对邓铁梅的动态，有所觉察。

《大阪朝日新闻》号外　昭和七年一月二日

"窥视安东的2000名匪兵团"

（联合奉天1日发加急报）

安奉线五龙背的东方约2里山中，有2000名匪兵集结，企图袭击安东，正在前进中。接到急报后安东市再次动摇，当地守备队目前严重警戒中。

1931年的冬天，苍天也含悲怨，东北连降大雪。邓铁梅部12月26日发起攻击的前几天，凤城地区又是一场漫天飞雪，满山遍野银装素裹，为义勇军的运动提供了天然的方便。凭借落雪的掩护，黄昏时分，担任主攻的部队在县城附近顺利集结完毕，便趁着夜色分兵两路，一路直扑火车站，一路开向县城。

夜12时，战斗准时打响。

与此同时，邓铁梅也率队冲入县城，杀声连天地向日本独立守备队和警察队发起了攻击。事先埋伏接应的队员，也从四下里杀奔出来。霎时间，枪炮炸响，弹雨纷飞，杀声震天。日军在突如其来的攻击面前，惊慌失措，龟缩在队部的大院内。

清晨4时，搬运战利品的大车驰出县城后，在高地上负责警戒的战士，发现增援日军接近了凤城车站，于是燃起了烽烟，发出了撤离战斗的号令。

《大阪朝日新闻》号外　昭和七年一月二日

“安奉线上增派警官，沿线越加不安”

（奉天特电1日发）

威胁安奉线一带的匪贼，终于袭击列车，更增加不安。奉天警察署在1日午后3时25分发的快车，往本溪湖派武装警官队30名，往安东派20名。

东北民众抗日救国自卫军在辽东三角地区首捷凤凰城，战果辉煌，产生了很大的影响和震动，国内外许多新闻媒体都报道了这一消息。日本记者采访时，凤城站的站长还心有余悸地说：“从那以后，大约一周左右根本不能入睡。”

当时，北平救国会还从青年中挑选了百余名骨干，经过短期培训后，分派到东北各地做宣传和联络工作。

凤城一仗，邓铁梅自卫军的名望如春雷贯耳，北平救国会特派流亡北平的东北学生军大队长苗可秀，赶赴三角地区。他与邓铁梅建立上联系，当即被任命为救国自卫军的总参议，辅佐邓铁梅参赞军务。救国会统一建制时，邓铁梅被委为义勇军第二十八路司令，部队迅猛增至万余人。

无义必将遭到反击，对于这一点，大阪朝日新闻号外上没有掩饰。

《大阪朝日新闻》号外　昭和七年一月二日

"日本人死于贼弹之下，匪兵袭击凤凰城"

（奉天特电1日发）

1日午前6时，安奉线凤凰城东北30里的大堡处，正在避难途中的杉本定吉（35岁）及朝鲜人郑元铃（27岁），受到匪兵团的袭击，要逃走。匪兵对两人开始射击，杉本当场中弹死亡。郑在右脚上贯通枪创，险些丧命，跑到凤凰城急报守备队。据该人谈，汤山城里有多数匪兵聚集，怕随时袭击凤凰城，当地在极力警备状态。

1932年初，日军为了维持三角地区占领，先后扶持各县成立了伪"自治维持会"，组织起伪警察公安队同义勇军对抗。

《大阪朝日新闻》号外　昭和七年一月四日

"军司令部发表，频繁的匪贼之害"

（联合奉天2日发）

关东军司令部3日发表如下情况：

一、2日午后8时45分，在安奉线凤凰城，高丽门之间，出现匪贼切断了电信、电话线。我军守备队及时出发讨伐他。以后情况不明。

二、3日正午，在五龙背出现大约200名匪贼，安东守备队与其交战，已击退。

三、通沿线匪贼讨伐的羽山O队，在2日午后4时左右之前，边扫

荡沿线的敌人，到达大洼东方3公里的地点，敌人是张学良的部下，预先获悉羽山某队的前进，可能是前日今傍晚开始逐渐退却走了。

1932年初，三角地区各县先后成立了伪“自治维持会”，组织起伪警察公安队同义勇军对抗。邓铁梅按照救国会的建议，发难邻近的庄河县和大孤山镇。邓铁梅一鼓作气，乘胜进击。

《大阪朝日新闻》号外　昭和七年一月二日

“我军入城锦州以后，撤退辽河以东。按本庄军司令官的命令，扫荡满铁本线、安奉线的土匪”

（电通奉天2日发）

本庄军司令官就今后的讨伐土匪方案，1日对室、多门两团长，发表了大约如下的命令：

多门某团，入城锦州后，立即撤退到辽河江东，歼灭满铁本线、安奉线的一切兵匪。

义勇军三义庙奇袭取胜后，一不做二不休，干脆在卡巴岭挖战壕，修工事，设下了拒敌的关卡，将岭东划定为自己的控制区。挥师频捷，八方欢悦。暂避敌锋的各路自卫军立时走出山林，四处出击，使得无法立足的日伪军，只好收兵撤回。

义勇军一举收复了龙王庙后，邓铁梅将司令部迁移到过这里，不但设置了医院、印刷厂、被服厂，制定了税收政策，还以海岸盐滩收入为银根，发行了“通用钞票”，在义勇军控制的区域流通使用。这些举措出现在日军重兵侵占的辽东地区，从中足见民众自卫军的声势了。

邓铁梅自1931年10月创立东北民众自卫军到1934年9月遇害，在整整三年的时间里，他栉风沐雨，历尽艰辛，浴血奋战在三角抗区，重创敌人，声名卓著。

1934 年 5 月，邓铁梅由于长期奔波，身患重病，不能随军活动，便秘密来到凤城县小蔡沟亲属家中养病，不料为特务侦知，将其捕去并立即解往奉天（今沈阳），监禁在伪警备司令部军法处。日伪高级官员曾以高官厚禄诱降，邓不为所动。在敌人法庭上，慷慨陈词，历数日本侵略者侵华罪行，并开始绝食。有一天，一个日本军官来到狱中，伪装斯文地说了些佩服、敬仰之类的话，然后请邓铁梅在其折扇上题字。邓当即挥笔疾书了十四个字：“五尺身躯何足惜，四省失地几时收。”表明了誓死的决心。日伪内部通报也称：“邓铁梅已抛弃生死之念，求死更重于求生。”1934 年 9 月 28 日，邓铁梅被杀害在奉天伪陆军监狱，时年 43 岁。

邓铁梅牺牲的消息传出后，众多报刊纷纷发表文章，讴歌他为驱逐日本侵略者，矢志不屈的英雄气概，称其：“大节泣鬼神，忠义薄云天。”中国共产党中央委员会盛赞他“为救国而捐躯的民族英雄”。

邓铁梅遇难后，苗可秀和铁血军将士无不痛心疾首，悲痛欲绝。苗可秀生于辽宁省本溪县（今本溪满族自治县）下马塘苗家堡子。家境清贫的苗可秀，聪明好学，1926 年进入东北大学文学系预科，1928 年升入本科。读书期间，苗可秀就表现出强烈的爱国意识。邓铁梅就义后，面对可恶至极的侵略者，苗可秀扛起了三角抗区抗日大旗，率领着另一支抗日队伍——中国少年铁血军，化整为零，转入深山密林游击活动，与日本侵略者展开了更顽强、更壮烈的斗争。

1935 年 6 月 12 日深夜，苗可秀在战斗中受伤，21 日不幸落入敌人魔掌。7 月 25 日，苗可秀被押往凤城南山刑场。在刑场上，苗可秀毫无畏惧，昂首而立，怒视敌寇，在高呼“打倒日本帝国主义”的口号声中为国捐躯，年仅 30 岁。

现今，在凤城矗立一座汉白玉塑像，那是邓铁梅和苗可秀在一起的英姿，向人们讲述着抗日英烈的故事。

第 三 章

长春，激怒下的陷落

是话有因，是草有根。　　　——中国

没有火的地方，不会冒烟。——日本

磨刀霍霍已昭然若揭

柔枝纷披，花团锦簇。传说，长春城市缘由“长春”花得名。憧憬幸福的善良人们，不会想到那厄运的年月里，竟然有“九一八”腥风血雨，突然降落在长春的土地。

日本人对长春觊觎已久。长春市是当时吉林省省会吉林市的门户，扼吉北、吉东的咽喉。占领了长春，就可以东取吉林，北攻哈尔滨，西图洮南，进而侵占齐齐哈尔。特别是南满铁路和中东铁路的修筑，确定了长春的战略地位不容忽视。

在沈阳发动事变的同时攻占长春，是九一八事变策划者的既定方针。事变前，长春日军也奉命做了相应的准备。他们在头道沟铁路用地的街道巷口，异常忙碌地堆积沙袋、架设铁丝网，修筑工事。

《大阪朝日新闻》号外　昭和六年九月十九日

公主岭守备队，已向奉天出动。另外，以占领南岭为目的，有驻屯军出动的迹象。

在日军磨刀霍霍之时，驻守长春的东北军官兵，以为日军又是要例行军事演习，没有加以理会。大敌当前，对手竟然心中无数，反应迟钝，难免在突发事件面前措手不及了。

东北军的另一位副司令长官张作相，是张学良的父执。这位与张作霖两度结拜的老上将，因为资历和威望而成为东北军的第二号人物，张学良叫他“老把叔”，将领们尊称他为“辅帅”。在张学良主政东北后，东北军中能被称为“帅”的，再无第三人。九一八事变前，适逢张作相的父亲病故。身兼吉林省政府主席的张作相素衣孝服，回到锦州家中为父亲治丧，委托军署参谋长兼吉林省政府委员熙洽代行军政大权。

而这当口，恰是日本军人们为染指东北大打出手之时。

9 月 12 日，独立守备队司令部所在地公主岭，迎接了关东军司令本庄繁偕高参板垣征四郎、石原莞尔视察。

13 日，本庄繁在赴长春前曾训示，近时“匪贼”窥视“铁路附属地”，“应主动采取断然处置，以求圆满完成铁路任务，同时彻底消除帝国侨民之不安。”本庄繁的视察目的已昭然若揭。

9 月 14 日，本庄繁一行在长春，检阅所驻部队紧急出动登车演习，紧接着观看了旅团长统裁下的图上战术演习。

15 日，本庄繁返回沈阳，连续用两天时间观看部队夜间出动，装甲汽车队、山炮队演习。

16 日午后至辽阳。

17 日，观看图上战术、现地战术和出动演习。

18 日上午，本庄繁对第二师团长做出训示时，结论就是：“万一事件发生之际，各部队应主动采取积极之行动，要有务期必胜之决心与准备，不可些许失策。”

本庄繁可谓马不停蹄的一周视察，真正意图是适时发出发动事变的动员令。

此时，长春的中国军队总兵力约六七千人。

即长春市街北段 2 公里的二道沟宽城子，驻有步兵一个营，担当东路任务。

在长春市街南端 6 公里处的南岭兵营，驻有炮兵一个团和一个辎重营，步兵一个团。南岭炮兵独立团，素称东北军的精华，装备武器都很完备。

长春市街内驻有步兵的一个营。

这些部队，统由吉长警备司令兼步兵第二十三旅旅长李桂林中将指挥。李桂林是东北军的老将，在张作霖时代就深受倚重。但是，李桂林年事渐高，不求上进，只图安稳享乐。事变前，他对于日军不但毫无防范，而且还奉吉林副司令长官公署参谋长熙洽的指示，将步兵第二十三旅的主力移往双阳县。

事变时，日军在长春的兵力仅有驻在头道沟的第三旅团第四联队所辖的第一大队、第二大队，以及独立守备第一大队的一个中队，总兵力约 1000 多人。

从实力对比上，中国军队有绝对的优势。在中国军队心不外想，天下平安时，可是日军心怀不宣，摩拳擦掌。

9 月 18 日晚，长春东北军最高指挥官李桂林的府第里，李桂林与部下等人的麻将局争斗正酣。就在他们享乐时，战争的乌云已经布满长春的上空。

甘愿死战却碍军令如山

9 月 19 日半夜零点 30 分，驻长春日军第三旅团第四联队和独立守备队的电话声几乎同时响起。长春铁道事务所向他们报告：“奉天附近日中士兵发生冲突，目前正在激战。”

《大阪朝日新闻》号外　昭和六年九月十九日

（联合长春19日发　加急报）

听在奉天发生的日支兵冲突消息后，长春驻屯第三旅团司令部，长谷部旅团，大岛四联队长，田代领事，武并警察署长等，聚集一起，在极密协议中。

确悉沈阳方面已经正面交战的消息，按关东军既定计划，第四联队长大岛陆太郎大佐率领第一大队、机关枪队、步兵炮和山炮队，袭击宽城子兵营，并将公主岭骑兵第二联队调来长春。

公主岭驻军的守备大队长小河原中佐，按照战时部署要求，立即安排守备地区各要害地点的兵力，确保铁路运行和附属地的警备。2时20分，准备完毕时，他接到了第二道命令："独立守备步兵第一大队火速赶赴奉天进行支援。"这等于是取消第一次命令。事不宜迟，小河原立即命令部队到公主岭车站集合。

过了不久，小河原又接到了命令："步兵第四联队现在进攻宽城子，黑石第二大队进攻南岭炮兵营，长春守备队正在受到中国兵的攻击，独立守备步兵第一大队立即赶赴南岭支援。"小河原遂率部掉头北上。

日军第四联队一部在大岛联队长的率领下，由长春火车站北进，4时30分，隐蔽接近二道沟宽城子兵营南面，迅速展开队形。

事变前东北军二十三旅六六三团第二营的650多名官兵驻扎在这里。日军接近营垣时，本来计划要偷袭，谁知被守军哨兵发觉，遂鸣枪报警。

此前，守军第二营长傅冠军接到熙洽的电令："如日军进攻，不加抵抗，全部退让，听候交涉。"所以二营官兵发现日军行进，没有还击。4时45分，日军杀害哨兵，夺门冲进营房区交涉，而且称："奉军部命令，你们赶快缴械，否则一律枪杀！"傅冠军严词拒绝说："退让则可，缴枪不行。"不料日军突然射击，傅冠军倒在血泊里。

守军眼见营长等被杀，愤怒已极，官兵尽管此时群龙无首，但自发地起而自卫。

第二天，记者到该营调查时，“见左右岗楼内有尸两具，横卧地下，血迹淋漓遍地。知是日军偷入我营时，被以刺刀扎死于岗楼内。观营门旁，有青呢服尸一具，身体胖大，秃头大耳，下着马靴马裤，倒卧墙下。当即近前细看，乃生前相识之傅营长也……”

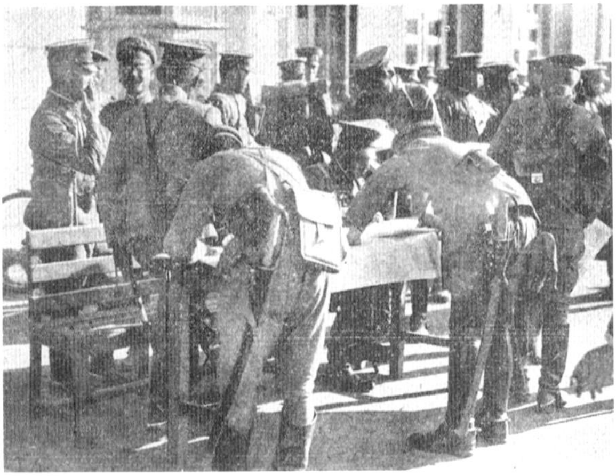
长春站前的日军某联队本部。

宽城子兵营是清末沙俄军队修建的老式兵营，结构坚固，易守难攻，守军依靠坚固的俄式建筑和多处枪眼，顽强反击。双方陷于激战之中。

6时半左右，日军占领东侧营房一角，但后续部队在通过营房以南的开阔地时，遭到东北军官兵猛烈火力的阻击。

其间，这里本有吉长铁路警务段的武装警察百余人，事先日军授意该警务总段长，假说点名，将全体官兵集合。日军到达后首先开枪，警务段官兵方知受骗，予以还击，由于敌众我寡，伤亡惨重。

《大阪朝日新闻》号外　昭和六年九月十九日

（联合长春19日发　加急报）

在午前2时30分，长春警察署召集全体人员，执行武装警备。与城内支那方面的通信，完全断绝联络。另外，为了警备孟家屯、范家屯等，沿线各地附属地军队继续乘临时列车出动。

19日上午，日军以预备队袭击了长春警察分署及中东路路警第六段署。解除了两署武装，并俘虏了长春分署署长孙佩琛及稽查处处长孙仁宣等。

日军见偷袭和强攻都没有奏效，又令孙佩琛赴二营劝降。要求守军放弃抵抗，缴械投降，遭到坚决拒绝，双方展开激烈的火力战。

上午8时30分以后，日军发起突击，虽然占领了兵舍北侧的建筑物，但在守军顽强的抵抗下，中队长以下指挥官接连被击毙。

战至9时半，日军重新调整部署，集中重机枪、曲射炮和山炮火力，向二营营房猛烈射击，掩护步兵进攻。

此时，孙佩琛手持熙洽“避免冲突”的急令，再次前来劝降，看到现状，二营官兵已无战意，一部突围撤出防地，部分官兵被缴械。

11时10分，日军侵占了宽城子兵营。

此战，日军战死中队长以下24人，伤23人；中国军队阵亡36人，被俘386人。

长春某记者视察宽城子兵营被占领后，曾报道极惨烈情形：

本月20日早7时20分。见我军营之围墙，已化为焦土，而东西南北各兵士宿舍，亦被炮击崩塌。营内我军之死尸，有裸体者，有半裸者，有穿上衣而未系纽者，有只着下衣而未系带者，有缺一腿者，有胳膊破去者，血迹淋漓，腥气冲鼻，横三纵四，仰卧侧背。其惨烈情况，令人鼻酸，不觉泪下。复往营之西南角。见锅炉内一人尚未死去，双眼犹知视人。但周围有武装日军，不准接近，又加连声吓喝，逼记者速走，故未敢问伤者一言。休言伤者，即遗体亦不容运出，实在令人切齿。

《大阪朝日新闻》号外　昭和六年九月十九日

“在长春附近，日支两兵冲突。南岭、宽城子，展开激战”

（长春特电19日发）

准备进行在长春附近的南岭及宽城子支那兵之武装解除，在前进的我兵与支那兵开始冲突，目前在两地激战中。

另一部日军以举行军事演习为名，夜间向南岭疾行。

长春南岭兵营，修建于清咸丰年间，又名“南大营”，清末曾是北洋新军第三镇的驻地，曹锟、吴佩孚、王承斌等要人，都曾领兵驻于此地。几经扩建，南岭兵营可以容纳兵员 1 万多人，不亚于沈阳的北大营。

事变前，驻在南岭的东北军六七一团（团长任玉山）有 2500 多人，炮兵第十九团有 1370 多名官兵，此外还有辎重兵近千人。真正令日军心惊胆战的，是南岭炮兵团里的 36 门大炮。用一位日军指挥官的话说：“如果南岭中国炮兵以 36 门大炮同时开火，则长春铁路附属地将化为灰烬。”

19 日凌晨 5 时许，日军利用夜幕掩护，抵达南岭兵营附近高粱地。

日军原计划采取夜袭，可是由于道路崎岖，他们跑步到南岭时，已经天将拂晓。当日军越过营墙偷袭时，被哨兵发现，一营官兵立即依托兵营的窗口，向日军猛烈射击。

熙洽得知情况，立刻答复：“急速撤走，不准抵抗。”于是一营开始撤离。日军则乘机攻入营房，砸开通道的大门，蜂拥冲入。日军突进中，“见兵即刺，逢人便杀”，并将发现的 16 门大炮全部破坏。

上午 6 时许，日军占领了第一营，随即攻击第二、三两营。两营稍事抵抗，也奉命撤退。面对日军攻击，第三营长张瑞福在急迫中违抗命令，用山炮向日军连续射击了 10 余发，趁着杀伤日军间隙，遂使部队得以撤出。

日军翻过了营墙，占据了炮兵团营院后，从公主岭开来的日军立即投入进攻南侧的守军步兵。耳边枪炮声不绝，守军官兵群情激愤，怒不可遏，都激愤地说：“与其等死，不如拼命！”于是，冒弹雨砸开库房铁锁，取出枪支和弹药，利用坚固的围墙和两侧的沟堤做掩护，向日军猛烈反击。

上午 10 时，日军行进经过西侧练兵场时，刚才展开队形进攻，守军官兵就凭借沟堤，集中发射步兵炮和迫击炮，子弹落在庄稼秸上乒乓作响。日军在开阔的练兵场压缩得无法运动，伤亡惨重。

10时40分许，日军一度不占优势，冲到堤防线，双方投掷手榴弹，展开肉搏近战。待日军逼到营房前时，守军在窗口和通气孔，又以步枪、机枪猛烈射击。日军小河原大队长身负重伤，第三中队“几乎被全歼”。

随后，日军把仅剩的预备队投入战斗，遭到了守军的激烈抵抗。日军在炮火的支援下，越过围墙，在营舍前发生了你死我活的混战。激战之中，敌我双方互有伤亡。

下午2时，日军骑兵第二联队赶来增援。守军因接二连三收到不准抵抗的命令，尽管守军官兵们甘愿决一死战，但军令如山，只好仅携轻武器，且战且退，冒死突围。

突围的东北军炮兵第十九团部队，撤至长春郊外新立城一带，后因团长穆纯昌胁骗投降日军。步兵六七一团约有两个营后来参加了抗日义勇军。

下午2时30分，南岭兵营完全陷落敌手。

《大阪朝日新闻》号外对日本军队在南岭发动攻击时伤亡情况做了侧面描述。

《大阪朝日新闻》号外　昭和六年九月二十日

（平壤电报）

“在南岭战死的仓本大尉亲友久保大尉谈：后继严父光荣地战死”

在南岭战死的仓本大尉之同期生兼亲友、陆军省调查班的久保大尉谈，本省还没收到战死的报告。我认为失去前途有为的士官是很遗憾。他的父君也是军人，是少尉。在日俄战役时出征，在满洲战死的。仓本君是孤儿。他的太太在大正二年病故了。有许多人为他当红娘，他没接受，去年从麻布联队志愿到了满洲。后继严父在满洲战死，对他本人来说本愿。他在学校时，成绩优秀，很有热情和同情心，而且很顽强，是个击剑的能手。

南岭一战，日军战死 42 人、伤 55 人，对骄横的日军可谓是一次有力的打击。长春守军自发的抗敌，在抗日史上写下了悲壮的一页。

事变发生时，熙洽已指示长春方面：“要忍耐，不要抵抗。”黎明前，日军占领南岭得手后，又分头向长春市各机关进袭。

长春市公安局从上午 6 时许到下午 10 时半，日军甚至如入无人之境，毫不费力地占领了长春市公安局和各分局和警察所、电灯厂、吉长镇守使署、无线电台等市政交通机关。到处打电话请示熙洽，得到的回答是：“不准抵抗。”

下午 3 时，日军第三旅团长长谷部提出，解除长春城内中国军队的武装，并将公安局交日方指挥。

下午 5 时以后，日军一个中队在中方外交科长陪同下，开入长春城内。

黄昏前，驻扎在长春城区的东北军六六五团一营，在团长马锡麟的率领下，一枪未放地退出长春，后又投降日伪。

在不抵抗命令的驱使下，长春在不到一天的时间里，沦于敌手。

卖国求荣　开门揖盗

唇亡齿寒。长春沦陷，吉林市危如累卵。在长春的军事行动得手后，日军把侵略的矛头指向这个松花江畔的吉林省城。

《大阪朝日新闻》号外　昭和六年九月十九日

“关东军司令部移奉天”

“本庄司令官，急赴奉天”

（奉天特电 19 日发）

19 日朝，关东军司令部决定自旅顺移至奉天，决定关东军司令官本庄中将带领幕僚急赴奉天。

日军占领沈阳和长春后，立即将关东军司令部从旅顺移至沈阳，第二师团主力调驻长春，以图进取吉林全省。

按照关东军的“根本解决满蒙问题”的战略方针和“防患于未然”的战略进攻思想，东取吉林市、北攻哈尔滨成为他们第二期作战的主要目标。占领了这两座城市，不仅可以巩固对南满地区的军事占领，又可以进而夺取整个北满。

日军对攻占吉林着实捏了一把汗。吉林省城内，不仅驻有东北军步兵第二十五旅的两个团，还有东北军驻吉林副司令长官公署卫队团。特别是冯占海所率卫队团，辖步兵、骑兵、炮兵等部队五个营和三个独立连，装备精良，是一支不可小看的精锐部队。如果要真刀真枪地硬拼，日军必然要付出惨重的代价。

但是日军也暗暗庆幸，在吉林遇到一位得了媚骨病的中国将军。这位将军的卖国求荣，让日军夺取吉林如愿以偿，也消除了日军对这座省会城市原有的恐惧。

关东军对这位献城的将军爱新觉罗·熙洽并不陌生。“九一八”当夜，增兵沈阳的日军第二师团师团长多门二郎中将，是熙洽在士官学校时的老师。熙洽是清太祖弟弟穆尔哈齐的后代，属于皇族远支，正蓝旗人。熙洽复辟思想浓厚，他曾公开对同宗的吉林汪清县长金名世说：“这是什么国家，我的国家早亡了。”他曾发誓说：“为恢复清朝的统治，就是肝脑涂地亦在所不惜。”

所以日军侵占长春时，代理主持吉林军政事务的熙洽不假思索地举起了白旗。

等到日军兵锋直指吉林市时，又要引狼入室，熙洽表露了渴望复辟的急切心情。

9 月 20 日，熙洽派秘书携密函，赴长春面见多门师团长，表示了死心塌地的心意。同时，他紧锣密鼓地举行军政两署紧急会议，决定了“绝对不抵抗”的方针，安排部署省城的投降活动。他对日本驻吉林总领事信誓旦旦地表示："我控制的吉林军队，不向日军进攻，保证日本侨民的安全。"在内部秘密召开的会议上，熙洽甚至公然喊出了投降论调："日军强盛，我方绝难应付，唯有投降皇军是为上策。"

当日下午，熙洽假借张作相的名义发号施令，命令各部队应避免冲突、保存实力，不得擅自抗击。

熙洽强调中日事件由外交解决，蒙蔽了一些不明真相的东北军官兵，他们按照熙洽的指示，奉命从吉林市区撤出，二十五旅部队撤往乌拉街方向，卫队团向永吉县官马山地区转移待命。

实际上，日军侵占长春时，由于行动过于迅速，使得日本政府、陆军部和关东军对采取下一步军事行动还未达成一致意见。

9 月 19 日上午，日本内阁会议从国际形势和国内实力的全盘考虑，决定采取不扩大事态的方针。准备侵入东北增援关东军的驻朝日军（朝鲜军），也被命令停止在朝鲜新义州待命。陆军部因为受到政府方面的压力，勉强同意了内阁的既定方针，但给关东军发来了个含糊其辞的训令："妥善处置。"

而策划发动九一八事变的关东军将领，对图谋东北则是志在必得。桀骜不驯的军人们，将在外早已没法听命于君主，他们继续扩大着朝夕期待实现"柳条沟计划"行动。

发动九一八事变对关东军的计划，并不是最后目的，犹如柳条湖炸药爆炸需求量，能否掀翻铁轨并不重要，重要的是爆发，波及作用的撼动力，从柳条湖到南京到东京到世界。这样才达到对九一八事变的成果收获检验。

9 月 21 日上午 3 时，关东军司令官"依据幕僚的建议，独断决定向吉林派兵"。关东军认为，这样既可以促使朝鲜军司令官采取果断行动增援关东军，又可以"加强中央部的决心，以向根本解决满蒙问题迈进"。他们的打算很明了，最终迫使日本首相和天皇承认既成事实。

在这种背景下，熙洽的投降，无疑是助长了关东军的气焰。

日军从长春向吉林调遣。

日军调兵遣将做好了部署后，又将柳条湖爆破南满铁路的故伎重演一番，自行投弹炸毁了吉林侨民的房屋。

于9月21日清晨，煞有介事地诬称中国军民迫害日本侨民，以吉林形势不稳为借口，关东军司令官本庄繁当即命令第二师团长多门二郎中将，以吉林日桥濒于危机，亟须保护为借口向吉林进犯。

9月21日上午9时50分，多门中将指挥师团主力，以装甲列车开

从长春站前开往吉林的日军。

被日军解除武装的吉林巡警。

吉林车站屋顶上的日军哨兵。

日军占领吉林后，改用为临时军医院的东洋病院，插上了太阳旗和红十字会旗。

路，从长春出发。日军因在长春曾遭到抵抗，行动非常迟缓，一面试探，一面前进。

多门在心存余悸之际，日本驻吉林总领事石射猪太郎带来熙洽心意，表示愿意"和平接交吉林"。

多门师团长明确得到来自熙洽的保证以后，方释疑虑。9月21日3时，关东军司令本庄繁做出出兵吉林市的决定。侵占长春的日军第二师团立即向吉林市进犯。

9月23日，由于吉林省城内的中国军队全部撤出，于是，率领第二师团主力于晚6时开进吉林。

日军不费吹灰之力便开进市区。当晚，多门师团长命令日军占领了省政府办公楼和主要车站，沿江各要塞、吉林北山、省财政厅、永衡官银号、金库、军械厂、印花税处、森林局等军政机关、邮电通讯单位等全部被占领。日军还解除了中国警察的武装，由日军布岗设哨。恐怖气氛弥漫，人心惶惶，对熙洽的叛国投敌恨之入骨。

至9月24日黎明时分，吉林全城均被日军占领。日军入城后，天空时有飞机盘旋震慑，又以步、骑、炮各兵种部队，在市区作军事示威。还将公主岭调

日军占领了吉林车站后，插上了太阳旗。

来的部队布防郊外，防备哈尔滨方面的中国部队。

一夜之间，东北又一座省会城市拱手相让，宣告吉林的大好河山沦陷。

熙洽率领一小撮汉奸，在车站迎接日军的入城。并于26日通电在东北宣告“独立”，发表声明，脱离与南京政府和张学良的关系，宣布撤销吉林军政两署，成立伪吉林省长官公署，自己担任伪吉林省长官。

九一八事变发生后，一些民族败类，为实现其政治野心，利用他们所窃据的权力，引狼入室，为虎作伥，卖国求荣，对国家和民族犯下滔天罪行。日本投降后，熙洽作为被苏联移交中国的伪满战犯，在抚顺战犯管理所中了却余生，他永远被钉在历史的耻辱柱上。

恪尽保卫国土神圣职责

历史是一面镜子，可知荣辱。如果说，九一八事变当夜，熙洽执行了不抵抗命令，造成了长春沦陷悲剧，而后吉林的陷落就是熙洽投降所致。

到达吉林的关东军某联队。

尽管当夜守军拼死抵抗，但后来日军直入吉林，得到了预想的效果，这与熙洽引狼入室的行径有直接关系。以至《大阪朝日新闻》号外上，对熙洽的低劣行径不屑一顾。有关日军占领吉林的“战况”，竟有媒体不足挂齿之嫌。翻遍号外报刊的200多张照片，仅有10张照片留存刊载和区区文字报道。连日本记者都吝惜笔墨，熙洽一伙真是悲哀。

熙洽试图借日军的力量恢复清朝，而复辟和卖国往往是相联系的，熙洽深知这个道理，因此特别愿意讨好日本主子。

一些有正义感的东北军爱国官兵，对熙洽的“表演”也有着清醒的认识。驻守省城的卫队团团长冯占海就是其中之一。

冯占海字寿山，辽宁省锦县人。他1917年投奔姨父张作相，投身军旅任勤务兵，后入东北讲武堂深造。1921年，他任陆军二十七师一〇八团上尉副官，后晋中校承启官、上校长。

9月19日晨，即日军进犯长春，冯占海曾质问熙洽，日军进犯，我军为何不抵抗？熙洽答称：因奉到不抵抗的命令。

当晚，熙洽得知日军向长春集结，因而急令驻省城各部队撤出。

对此，冯占海再次质问熙洽，并严词主张抵抗。

日军入城后，熙洽派人到各地传达军队缴械命令，并有“倘有抵拒者，日本军就去进击”等威胁的言词。当向卫队团长冯占海送达这命令时，被冯占海强硬拒绝。

冯占海率领的东北边防军驻吉林司令长官公署卫队团下辖步兵三个

营、骑兵一个营、炮兵一个营，另迫击炮、重机枪、通信兵各一连。

熙洽自恃与冯占海有师生之谊，先后三次派人对撤出省城的冯占海进行拉拢。冯占海义正词严地对说客说：“占海身为中国军人，只知效命国家，对于卖国求荣之辈，决心与之周旋，占海已将生死置之度外！”他还拒绝了出任吉林省警备司令的邀请。

日军的占领和熙洽的卖国行为，激起吉林军民的极大愤慨，冯占海卫队团官兵和驻地的爱国民众，抗日讨逆的呼声越来越高。有些部下竟提出，如果团长不肯率属抗日，他们将单独拉出去与日寇决一死战。

冯占海深知自己所驻的官马山，不仅处于偏僻之地，而且地势狭隘，无险可守。倘若在此举义，一旦与强敌交手，注定要腹背受敌，不得施展。于是，他暗中将部队陆续调集松花江沿岸，择机渡江北上，进入土地肥沃，人口稠密的吉林东部。这样一来可以摆脱被动夹击的境地，二来可凭借具有重大据守价值的哈尔滨，以图进取。

一切安排就绪，冯占海才在秋高气爽的日子，将全团集合于老营盘贺家大院，突然宣布举旗抗日讨逆。话音一落，会场顿时欢声雷动。会后，冯占海向全省同胞发出了通电。内称：“坚决与寇逆抗战到底，恪尽保卫国土之神圣职责。我团全军，敢效前驱，愿与我吉林全省同胞共勉之。”在同仇敌忾的誓师声中，冯占海开始率部渡江。

此时松花江渡口的船只，早已被熙洽下令拢于对岸，以防冯占海有所作为。可当地民众听说冯占海的抗日队伍需用，便置熙逆的命令于不顾，将船只开过江来，使冯团部队如愿以偿地开进舒兰。

冯占海得知舒兰也有一支久负盛名的绿林抗日武装。他从善如流，认为救国军虽出自绿林，可仍不失为抗日救国的力量，眼下正应加以收编。冯占海当即派人进山去联络。

第二天午后，宫长海和姚秉乾率领救国军的众头目，整队下山，迎接冯占海前来会晤。在冯占海的提议下，三人当众结拜为金兰之好。

冯占海大义昭然收编救国军的消息不胫而走，四乡愈加敬重抗日军。

不过几日，吉林各县公安局长相继率警甲乡团赶来投奔，抗日军的人数迅速增加至 15000 多人，声势大振。

冯占海率部继续北上，10 月底路过舒兰时，虽然寒风凛冽，但热血沸腾的学生们，竟迎出城郊十数里。城中百姓，箪食壶浆，高呼着“打倒日寇，铲除国贼”的口号，将抗日军迎入城内。

在舒兰稍事停留，冯占海按预定的方案行进，于 11 月初进入五常。

国难当头之时，仁义之师备受拥戴，五常各界民众举行了颇有声势的欢迎仪式，由学校出面，联合召开了救国运动大会。冯占海应邀登台演说。当他慷慨陈词，讲到“国难当头，军人应该誓死救国，民众应该倾家相助”时，全场无不为之动容，顿时掌声雷动，热烈的口号声此起彼伏。

《大阪朝日新闻》号外　昭和七年一月三日

（奉天 3 日武内特派员发）

在吉林市内街口上放置的日军炮车。

在另一方面，新政权的建立也比较顺利进行，即在奉天成立了以袁金铠为委员长的地方维持委员会，负责事变后的维持治安和时局救济。吉林的熙洽氏打倒了张作相旧政权，自己当省主席，做了独立宣言。洮南的张海鹏、哈尔滨的张景惠、北山城子的于芷山也做了独立宣言，都表示要断绝张学良旧政权及南京政府的关系，要完全独立。

曾任吉林省委员、省高等法院院长的诚允，当日反对熙洽投降卖国活动，愤然出走。

11 月 12 日，诚允按照张学良的指示，在宾县建立了吉林省临时政府。诚允被任命为吉林省政府代主席。冯占海被任命为吉林省会警备司令兼新编混成第一旅旅长。

冯占海走马上任前，令宫长海和姚秉乾驻守五常和舒兰境内，他率一团人马开赴宾县，尽保护政府之责。其余部队开往阿城，扼守在咽喉重地哈绥线一带，以防日军北犯。

这以后，冯占海、宫长海、姚秉乾等义勇军将领，多次抗击日伪军的进攻，愈战愈勇，冯占海也成为黑土地上赫赫有名的义勇军将领。

1932 年 6 月，冯占海的部队改称“吉林救国军”，下辖 6 个旅、9 个支队，共 3 万余众，先后收复了多座县城，直到同年 9 月由于抗日形势的逆转撤出东北。

1955 年，周恩来任命冯占海将军为吉林省体育运动委员会主任，当年与侵略者浴血奋战的义勇军名将冯占海回到了吉林。1963 年 9 月 14 日，一代抗日名将冯占海病逝于长春，终年 64 岁。

20 世纪 80 年代，我去吉林市北山祭拜时，夜幕已下沉，陪同的朋友对我说：父老乡亲遵照他本人的遗愿，将他的骨灰安葬在曾经战斗过的吉林市北山之上。

第 四 章

震惊中外的江桥喋血

宁为玉碎，不为瓦全。——中国

魔鬼念经难成佛。——日本

战云密布　惊扰江城

人们习惯用“白山黑水”来指代东北地区美丽富饶的土地。白山，即长白山。黑水，即黑龙江。

在九一八事变的爆炸声响中，沈阳、长春、吉林相继陷落。在国民政府不抵抗政策的桎梏下，东三省已有两省失却，只有黑龙江尚是一处净土。

九一八事变时，东北边防军驻黑龙江副司令兼黑龙江省政府主席万福麟滞留在北平。代替其主持省政的是其子万国宾，万国宾曾留学德国，学的是铁道管理。沈阳、长春相继沦陷的消息传到黑龙江，在紧张的形势面前，万福麟急得下令：“黑省军事暂由警务处长窦联芳负责照料，参谋长谢珂副之。”窦联芳是东北军老将，心存懈怠，黑省军务实际上由谢珂主持。

就像日本谚语说的那样：吹向邻居屋顶的风暴，不会绕开你的房子。日军欲壑难平，急切图谋龙江，尽早实现侵吞整个东北的预谋。日军在占领辽吉两省主要城市后，挥师北上，沿四（平）洮（南）路进犯。

9月24日，装甲车开进北满的门户洮南，本庄繁却命令部队停止进军。

诡诈的本庄繁深知，辽宁、吉林均有"满铁"势力，黑龙江不但没有关东军的守备队，连日侨都十分稀少。更主要的是黑龙江与苏联接壤，哈尔滨特区又是苏联中东铁路总局所在地，所以，日本对在这一敏感地区为所欲为，还稍有顾虑。

同时，本庄繁考虑了黑龙江省的战斗力。当时江省的东北军虽然有两个国防旅被调往关内，但省内还驻守着五个省防旅，总兵力有3万多人。这些部队装备不亚于国防军，而且驻守在要地，实力都不可低估。

本庄繁经过思索，又重演故伎，采取"以华制华"的手段，驱使汉奸打头阵为其效劳，然后转手渔利的阴谋。

于是，本庄繁选中了张海鹏。

洮南镇守使张海鹏，系东北元老，早在1900年前后，就在辽西一带入伙冯麟阁"绿林"。论资历，张海鹏丝毫不亚于张作相、万福麟等将领。但在仕途上总觉得不得志，混了十几年，仍然是个旅长，并且只拥有两个团的兵力。直到1925年他被委任为洮南镇守使，境况才有所好转。吴俊升同车和张作霖被炸后，张海鹏自以为资格老，能顺理成章接任黑龙江督军的职位，然而希望落空，很久就积忿不平。

关东军早已窥知隐情，所以九一八事变发生后，"满铁"洮南公所所长河野正直就去拉拢张海鹏，狡黠的张海鹏没有立即答应，一番"谈判"后，日本人答应以委任黑龙江省长，接济军火，扩充实力为诱饵，策动他北犯。

张海鹏利用日本人送来的3000支步枪、20万元钞票，趁机扩充武装。他改编洮南附近各县的警甲和土匪，很快编成8个支队（旅）、一个骑兵独立团、一个步兵独立团，随后，张海鹏在日本人的裹挟下宣布洮南独立，自任"边境保安司令"，并声言要进占齐齐哈尔。

日军也不失时机地大造舆论。

《大阪朝日新闻》号外　昭和六年十一月八日

“盛气凌人的黑龙江军，从昂昂溪方面转向攻击”

（奉天特电八日发）

根据综合情报，黑龙江军是以我方嫩江分队的兵力过少对比，大约有20倍的优势，盛气凌人，坚决主张向日本挑战，目前在昂昂溪方面集中的主力，表示不久的将来开始攻击的形势。

顿时，战云密布，惊扰江城。

张海鹏率众反叛的消息传到黑龙江省省城齐齐哈尔，顿时引起市民和官员们的恐慌，商店关门、学校停课，人心惶惶，大有黑云压城城欲摧之势。

年轻气盛的万国宾见此状况没了主意。倒是他身边的副司令长官公署参谋长谢珂比较镇静，他一面以长官公署的名义电令各驻军加紧操练、补充兵员、积极备战，一面急调部队加强省城和周边区域的警戒。谢珂还向万国宾剖析利害，建议速电请张学良选派大员，来江省坐镇指挥、应付危局。

张学良复电很明确：“如张逆海鹏进军图黑，应予讨伐，但日军务须避免直接冲突。”接电后，谢珂急调兵力布防，加强嫩江桥和泰来至洮南方向的警戒。抓紧布置防务时，在南桥头遍布

为了抵抗日军，中国军队破坏了江桥第一铁桥。

东北边防军驻江副司令公署，即马占山官邸。

地雷，并将江桥中部拆断三孔，借以阻拦伪军的进犯。

10月4日，日军第一次命令张海鹏进攻黑龙江省中国驻军，并密派第二师团独立飞行队第八中队助战，可是由于遭遇强风，飞机无法起飞。张海鹏本人也无意立即出兵，因为10月初，张学良还电委张海鹏为蒙边督办，将洮辽一带的军政事务委托给他全权处理。这样，张海鹏开始脚踩两只船，左右徘徊。第一次进攻计划宣告流产。

与此同时，张学良也采取了缓兵之计，以便能暂时稳定黑省危局，派人携带自己的电报，到洮南找张海鹏晤谈，劝其“勿为日人利用，致贻后世之讥”。

10月10日，张学良任命黑河警备司令兼步兵第三旅旅长马占山为黑龙江省主席，兼代军事总指挥。谢珂任军事副总指挥兼参谋长。张海鹏幻想破灭勃然大怒，在大骂了一通张学良后，随着日本主子的“加码”，撕下了最后一块遮羞布，公然向省城发起了进攻。

10月13日，张海鹏委少将支队司令徐景隆为前方司令，带领三个团开入泰来，同时日军两架飞机临空示威。

此前，谢珂已收到北平副司令行营的指示，“如张逆海鹏进军图黑，应予讨伐……”即使这样，在10月15日召开的省政府会议上，要人大多表示黑省兵力单薄，无力抗拒。不得已，谢珂又单独召集了军署会议。宁愿站着死，不愿跪着生。他重新宣读北平来电，并慷慨陈词，力主抵抗，得到了将领们的一致响应。

此时，新委任的江省代主席马占山尚未到职。谢珂抓紧部署兵力驻守嫩江大桥，构筑北岸的防御工事。他还令保护洮昂铁路江桥的工兵连，进入战斗状态。原驻泰来县的一个骑兵团，也撤到泰康以西，掩护江桥守军的左翼安全。谢珂为鼓励军心，对行前部队发饷，并预支一个月薪饷安抚家属。

可见，虽然大敌当前，江省军政官员之间在抗敌态度上，却泾渭分明。

江桥喋血　白刃相见

10月16日拂晓，没等马占山到任，在张海鹏和所携日军的督阵下，伪军就进抵江桥，向守军发起了进攻。张海鹏伪军前锋刚踏至江桥南端，即遭到守军炮火迎击，少将司令徐景隆误触地雷殒命。乘伪军军阵大乱的机会，守军奋勇出击，三个团的伪军溃退而去。

此战极大地鼓舞了江省军民的抗敌斗志，揭开了江桥抗战的序幕。

人心所向，兴安屯垦军少将统带苑崇谷率所部三个步兵团、一个骑兵团及炮兵营由景星绕道来参加抗战。东北爱国军民自发地捐助衣物、现款，帮助部队挖战壕，铁路工人昼夜不息地输送军队。为了阻止敌军再犯，守军将江桥炸毁三孔。

与此同时，马占山接到代理省主席的电令，率领李青山步兵团日夜兼程，从黑河转道哈尔滨，于10月19日夜抵达齐齐哈尔。江城便用这初战告捷的喜讯，做好了为他接风洗尘的准备。

19日，星夜抵达；20日，通电就职；21日，就职典礼。大敌当前是快节奏，演说也是快言快语："倘有侵犯我疆土，及扰乱治安者，决以全力铲除之，以尽我保卫地方之责。"

22日，马占山向全国发出《抵抗宣言》："……日后凡侵入我省境地，誓此决一死战。"张学良对马占山的抗日态度表示支持，并重申驻黑龙江省东北军部队统一归马占山指挥。

马占山，出生于吉林怀德县，18岁时，因受地主诬陷盗马，落草绿林。被官府收编后，从"游击队"到"哨长"，一步步地提升为旅长、黑河警备司令。马占山个头不高，但生就一副关东汉子铁一般的躯架，也是铁一般的性格。

他对日本鬼子早就怀恨在心，张作霖、吴俊升遇难时，他曾发誓："这仇和恨，必报之。否则，我马某不是人。"张学良对马占山十分信任和尊敬，所以将御敌的重任委与他。

在马占山加快动作时，侵略者也加速了阴谋的进程。

省方拆断的江桥，其筑路经费有一部分是向满铁借贷的。

10月22日，日本驻齐齐哈尔领事清水正一向马占山提出："洮昂铁路为满铁借款而修，此刻交通断阻，与满铁有利害关系，满铁将派工人前往修复江桥。"马占山拒绝了清水的这一无理要求。

此刻，日方以涉及自己利益为由，五次三番会晤、照会、通牒，或以限定工期接连逼迫，或以自派工兵修筑胁迫。说来道去，千方百计捕捉直接出兵的机会。

对这昭然若揭的用心，谢珂当日就曾断然拒绝，马占山也措词强硬地一口回绝。

阴谋和伎俩相继被揭穿，日军便凶相毕露。

发动战争就要寻找借口，关东军抽调了大批人员集结于泰来附近，欲强行修桥，并在大桥南岸抢修工事，构筑阵地。他们还出动装甲车3列，内载重炮2门，气势汹汹地展开了大战的架势。

日军修理被破坏的嫩江第二铁桥。

11月2日，日本特务机关向马占山发出最后通牒，要强行“武力修桥”，马占山必须将守军退到离桥10公里以外。

马占山认为日本人是无理取闹。他立即召开军事会议，讨论应对之策。会议中，有人别有用心地认为，日军来势凶猛，不可抗御，主张撤出

日军渡过嫩江铁桥。

在江桥第四、第五铁桥附近，日军从炮兵阵地炮击中国军队。

阵地。马占山按捺不住心头的火气，拍案大怒：“吾奉令为一省主席，守土有责，不能为降将军。且吾出身绿林，位重未阁，亦何惜一死……”

在日军威胁面前，黑龙江省的军事将领们在马占山感召下，表露出少有的勇敢和果敢。

马占山拒绝日本的最后通牒后，11 月 4 日，在飞机、装甲车和山炮的轰炸下，伪军在前打头阵，殿后的日军跟进督战。江桥守军放敌入围后，敌军越过江桥向对岸东北军发起攻击。东北军将士忍无可忍，在马占山的指挥下，奋起还击，白刃相见，打响了震惊中外的江桥抗战。

马占山身先士卒，亲临前线指挥。在他的激励下，全体官兵视死如归，与敌人针锋相对，寸土不让，经过反复冲杀，屡挫敌锋。

5 日，日军变更部署，驱使张海鹏的伪军为前锋部队，日军在后面监视，向东北军阵地再次猛攻。东北军官兵血战嫩江桥畔，再一次将日、伪军击溃。当日，日伪死伤官兵 1400 多人。

6日拂晓，不甘心失败的日军，出动步、骑兵各一个联队，连同张海鹏的伪军3000多人，在重、野炮50余门，飞机8架和铁甲车4列的配合下，向中国守军展开了更猛烈的攻击。

马占山亲临前线，在硝烟弥漫的火线上，泰然自若地指挥作战。在他的灵活指挥下，日伪军被打得狼狈不堪，经过一天的血战，东北军又夺回

日军步兵在江桥第四铁桥、第五铁桥桥拱间的铁路堤坝上，从挖掘的土洞中射击中国军队。

运送日军伤病员的轧道手推车，行进在江桥第二、第三铁桥桥拱间。

被日军当作野战医院的货车，停靠江桥第二铁桥附近。

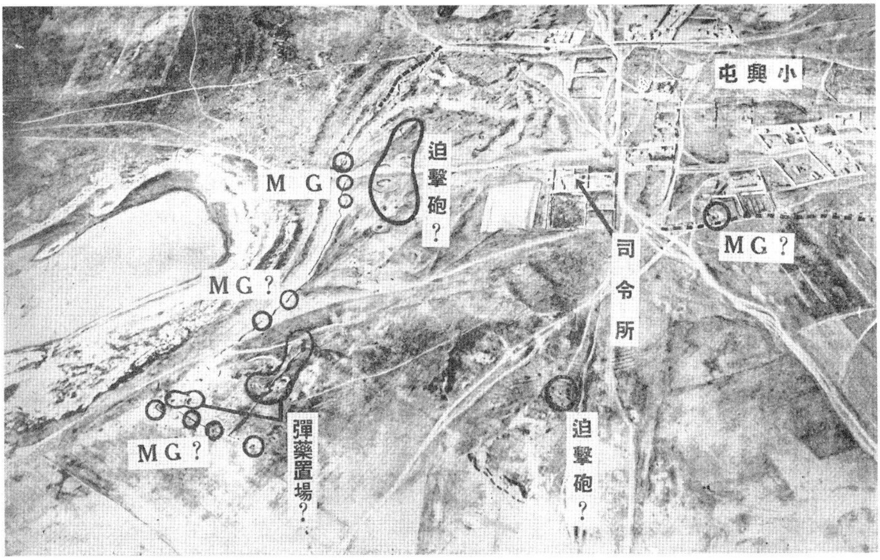

日军飞行队在小兴屯附近拍摄的中国军队防御阵地（MG是重机关枪队）。

日军守备铁路时，配置了曲射炮。

了江桥防地。

江桥抗战，马占山不顾南京当局的不抵抗政策，进行武装抗日，引起了国内外的热烈声援。贺电贺信犹如雪片飞来，捐款捐物不计其数，各大媒体对之予以重头报道。对这一振奋民族精神之举，中共满洲省委、北满特委号召各界群众援助马占山抗日；关内爱国青年纷纷组织“援马抗日团”奔赴东北。上海福昌烟公司不失时机地推出“马占山牌”香烟。“凡我大中华爱国同胞应一致改吸马占山将军牌香烟”。

11 月 9 日，张学良发出通电予以褒奖，还令哈尔滨中国银行拨款 50 万元，接济马占山作整军建军费用。东北军得到“张副司令的鼓励，士气极旺”。

此战虽然大捷，但马占山忧心忡忡。连日的激战，在敌机狂轰滥炸、重炮齐轰下，工事全被毁坏，江桥阵地已无屏障可守，部队伤亡很重，一时得不到补充。

还是在江桥战斗打响初时，号外就透露了日军对黑龙江守军的兵力配置情况的掌握。

《大阪朝日新闻》号外　昭和六年十一月八日

“黑军的兵力”

（奉天特电八日发）

在昂昂溪附近集中的黑龙江军的兵力是目前有一万二三千名的多数。具体数如下：步兵 11 个团约 6000 名，骑兵 1 个旅约 1000 名，野炮约 30 门，高射炮数门，其他技术兵五六千名，新召集补充兵约 4000 名。

号外上刊载了黑龙江省东北军兵力部署，无疑在提醒日军小心谨慎，切莫轻视。因此日军还在源源不断地增兵，长谷旅团和天野旅团先后开来。

面对险恶、纷繁而又复杂的局面，马占山承受着巨大的压力。他的卫士在回忆录中写道：“将军自 10 月 10 日在黑河奉到中央电令后，每日仅安眠一二小时，深夜常常绕室行走，有时行走极快，地毯被足卷起，灰尘满堂。”

其实，血战后的江省东北军部队已经是异常疲惫，马占山考虑江桥防线地处平原，无险可守，加之没有预备部队替换，倘若再坚持下去，将于

马占山撤退时的江桥车站事务所。

已不利，不采取断然措施，就有全军覆没的危险。

马占山当机立断，及时下达命令，将主力趁夜后撤到三间房、红旗营子，在一线据守、休整，以利再战。

江桥抗战，打出了中国军队的豪气和志气。马占山不负所望，光环耀眼。

浩然正气系兴衰

江桥抗战捷报传出，著名教育家陶行知激动地题写了“神武将军天上来，浩然正气系兴衰；手抛日球归常轨，十二金牌召不回”的诗句。

在举国的赞誉声中，马占山没有丝毫的懈怠。马占山发出通电：“占山守土有责，一息尚存，决不使失寸尺之地，沦于异族。惟有本我初衷，誓与周旋，始终坚持，决不屈让。”马占山知悉孤军奋战、后继无援，南京国民政府没给一枪一弹、一兵一卒的支援，恳请国民政府和“全国父老努力振作，以救危亡”。

日军在大兴车站附近，视察中国军队在死守抵抗时修筑的战壕。

马占山就任代理省主席后，日本人的恫吓就接踵而至。

日军在江桥血刃受挫后，改变策略，以政治攻势为主，向马占山施加压力。

占据大兴战地的日军哨兵。

日军炮兵某联队长大谷清磨大佐。

攻击马占山部队时，日军炮兵第一线排列发射阵地。

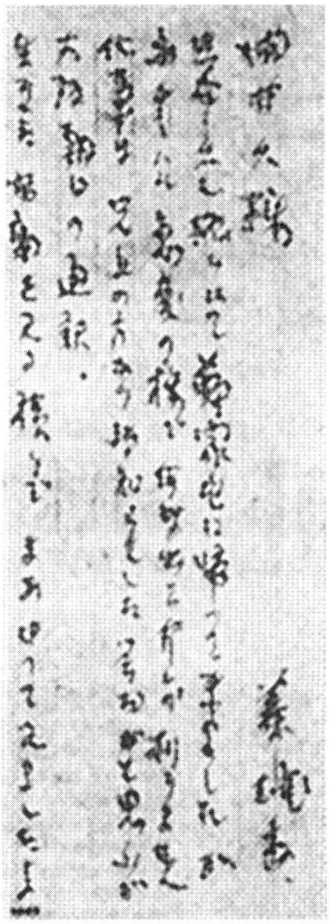

在江桥车站，日军工兵队从施迷彩伪装的军用列车旁行进。

油井氏遗照和他的笔迹。

《大阪朝日新闻》号外　昭和六年十一月二十二日

“山田一等兵，仍然去向不明”

(奉天特电 20 日发)

当大兴战斗之际，被黑军俘虏的山田一等兵，对马占山的讯问闭口不答，因此马占山加于各种侮辱。后来马占山军撤退齐齐哈尔时，杀害了他

还是带走了他，市民们不详内情。我方对山田一等兵的去向，一直抓紧搜查。另外，哈尔滨特务机关和当地总领事馆当局协力，向马占山提出交还山田一等兵的事，但对方还没答应。

马占山毫无惧色。

11 月 12 日，双方调兵布阵，战火再起。马占山构筑了三道防线抵御日军，面对数倍于己的强敌，采取守反结合的战术。14 日的一场反击，日军连续的进攻，又是连续的败退，将敌军击退 30 余里。

虽然日军在飞机和大炮的助阵下，轮番攻击，但却无法突破中国守军阵地。而后的两天里，又过了两天，从辽宁和吉林奉调增援的日军，进抵江桥边。

连日的战况，日军遗尸战地。《朝日新闻》号外通过被击毙的翻译井氏发出的家信，对战况进行了介绍。信中，油井义雄匆忙写下来齐齐哈尔战斗中的状态，因为是家信，所以倒也不乏真实。油井义雄担任《大阪朝日新闻》在黑龙江的通信联络，30 日骑摩托车通行小房身时，遭到黑龙江守军的袭击。下面摘录的是家信的最后一段落。

《大阪朝日新闻》号外　昭和七年一月二日

总之已过的 14 日在大兴的师团司令部作为根据地，从 17 日午后 11 时半到 19 日午前 9 时，不眠不休的行军战斗，在这两天当中，只吃过两顿饭，混在第一线行军很吃累了。我们是 19 日午前 9 时，首先进入齐齐哈尔的。有时后面炮弹炸开，前面是敌方阵地，进退两难，因寒冷脚疼，困也睡不着，再加上疲劳，认为对方是支那兵，跑遍了第一线，恐怕是过于大胆了吧。这是艰难辛苦的事。到达齐齐哈尔后我有任务，把照片送到飞机上，从联队长手里借到火车头，插着日本旗回到昂昂溪（在日本里大约有八里）。司机是支那人，他怕开车，因传说途中线路已破坏，还有地雷，也有残兵败将等。我也有点胆怯，但鼓舞士气出发了。

日军占据大兴后，团长长谷部少将(左)和花井工兵中队长在战地。

昂昂溪大激战中，日军步兵某联队机关枪队在攻击。

齐齐哈尔南大营前的日军电信队。

在三间房战壕中执勤的日军通信班。

17日午后1时，日军从左右两翼，向守军最后的防线三间房发起总攻击。第二天拂晓，日军以坦克开路，步兵和特编轻机关枪队随后，展开全面进攻。与日军12架飞机，百余门大炮，7000多兵力接战的黑龙江守军，仅剩4000余人，既无后续部队增援，又无弹药补充。还没到中午，日军便占领了三间房。

经过连续五天的轮番轰炸，马占山部伤亡惨重，迎着枪林弹雨坚守阵地的守军官兵，仅剩下不到2000人。而日军不断增兵，兵力超出万人，东北军部队腹背受敌、弹尽粮绝，已无法与敌军相持。新立屯、大兴站、昂昂溪等阵地先后失守。权衡利弊，马占山决定放弃齐齐哈尔，将主力撤往海伦。

在三间房附近行进的日军某联队。

攻破江桥后，日军向大兴车站行进。

日军占据了窗户玻璃遭受到炮弹的大兴车站。

昂昂溪大战中，开往前线的日军步兵某联队。

日军占据大兴车站后，前行的步兵某联队。

日军缴获的马占山军队的火车头。

占领齐齐哈尔后，在南大营旅长室用早餐的长谷部旅团长（右）和宫岛副官（左）。

在势必后退时，马占山亲临前沿，以手枪队为前导，向敌人发起反攻。三间房虽然失而复得，但相邻的阵地又相继失守，日军以包围之势步步紧逼上来，开始向省城推进。

《大阪朝日新闻》号外 昭和六年十一月二十二日

“扑过来要记者的冰糖的战士们，真似小孩一样。”

（在齐齐哈尔井冢特派员20日发）

19日夜，在齐齐哈尔南大营、北大营，得到了相隔三天来的休息和床上睡眠的我方某联队隶属部队的各部队将士们，恢复了疲劳，参加了在20日午后1时开始的城内大进军，士气昂扬。

在同一期号外上发出的报道中，一篇渲染“士气昂扬”，而在另一篇中，却感叹无可奈何的苦恼。

《大阪朝日新闻》号外 昭和六年十一月二十二日

“激烈的寒冷比顽强敌人更使人苦恼，遭受饥饿、疲劳、睡魔侵扰，

日军标榜俘虏马占山部下。

引人落泪的我军之艰苦”

（21日齐齐哈尔井家特派员发）

由于受到我军闪电般的追击，马占山军成了四分五裂的败势。但在这异常显示的追击战成功是在许多令人心酸的事实上获得的。在雪地战使我军将士最受苦的与其说是敌人顽强抵抗，不如说是刺骨的零下30余度的寒冷及没有喘气工夫的强行军。突破了敌人第一线后，以不眠不休的努力，我军只是一个劲地奔向齐齐哈尔进军。

在强行军过程中，从18日拂晓起，战士们几乎没吃东西，边警戒敌人出没和击退，边用一点压缩饼干充饥。然而北满的寒冷冻住了水壶，战士们唯一解渴的水也喝不到。尽管抱着以死殉国的赤心，不能克服极度疲劳后的睡魔，散开卧射就端着枪要睡着。与战士们同步前进的我也一样。由于疲劳及空腹，战士们分散开防备敌人的时候，做了好几次，在遥远的地界上出现齐齐哈尔市街的幻视。这样与敌人与困难边打边走的急追击，无奈出现多数战士们掉队。最可叹的是满洲无人旷野里在战斗中的掉队者，结成坚冰的冻土一望无际，摸不着方向，找不到本队和友军的去向，寒气逼人，没有食物。残兵败将四面八方随时出没，一旦叫他们发现，极度饥饿和疲劳的掉队者的命运是只有惨杀一条。各部队都出现了类似这情况的失踪者，更威胁战士的是零下30度的寒冷。这一次战斗中，受伤者的一多半是冻伤。因为18、19两日正属于大寒。同时我军的防寒装备没普及造成的，在行军时还没觉得，但是哪怕是站立一分钟，马上觉得手足尖冻麻了，因此在敌人猛烈射击的火线上爬卧两三小时的战士们下半身全被冻伤了。骑兵、野炮兵们因穿长筒靴，脚不能动，脚尖感觉消失，有的炮兵们因疼痛，脚不能跨马鞍，从马背上摔下来。被压在炮车辙之下，受了重伤的也不少。英勇战斗的我军勇士们中，一旦身体受了伤失去行动自由后，遭受寒冷的袭击，虽然伤势不重，但冻死的也不少。我们发现了不少被雪冻住的尊贵的遗体。为伤员配备的救护班是按和平时期的编制，人手缺少，但想弥补缺陷，救护班员做了很大的努力。自20日起，对整个战场，由搜查队收容遗体。因战线广，做得不够彻底，大兴、齐齐哈尔间的铁道附近，由满铁从业员总动员奋力去寻找。

11月19日晨，马占山挥泪从省城北门退出。

当日下午，齐齐哈尔沦陷，同日，日军就建立了以张景惠为省长的伪政权。

《大阪朝日新闻》号外　昭和六年十一月二十二日

（在齐齐哈尔21日木下特派员发）

（由航空信奉天轻由）

日军进城的19日，城内外的民家紧闭门户，路上无人行走，如是废墟。但我军入城后，在城外南大营不外出，也没有枪声，市民们安心下来，从正午开始城内外气氛活跃起来。午后2时，我一万军队进入城内行

日军在齐齐哈尔市内示威行军。

这就是号外标榜的“欢迎皇军入城的支那民众”。

日军占领齐齐哈尔后，在南大营悬挂太阳旗。

这就是号外标榜的“黑龙江省城电灯厂的欢迎旗”。

这就是号外标榜的“齐齐哈尔市民在欢迎皇军”。

日军步兵执行着占据地的守备。前方一带高地，就是马占山部队死守的大兴站附近丘陵。

军时，有的挂日本旗，有的挂“欢迎”的金箔招牌等表示信赖。20日晨，外国报社记者也涌来，在师团司令部柴山少佐向导下，巡视市内。除了没有汽车，服务水平差等发了牢骚外，看城内外的墙壁没掉一块，没有什么变化，反而泄气了。

自九一八事变以来，日军攻城略地，如入无人之境。喋血的江桥抗战，使日本侵略者遭遇了“九一八”以来大规模的抵抗。宁愿成为同胞脚下的一把尘土，也不做压迫者戒指上的宝石。马占山率孤军捍卫国土，弹尽援绝退守克山，江桥抗战虽败犹荣。

东北爱国军抗敌御辱的澎湃大潮，打破了日军不可战胜的神话。令大江南北、长城内外压抑的心头，为之一振，万众景仰。

今天，嫩江依旧平静流淌，当年木头搭建的江桥已踪迹难觅，后来日本人所建的江桥也只剩下几个桥墩，取而代之的是，一架崭新的铁桥横跨在嫩江之上。

在江桥抗战遗址，矗立着一座纪念碑，碑面八个大字格外醒目：“勿忘国耻，居安思危。”

杀敌在林海雪原

在降临的夜幕里，侵略者踏进了江城齐齐哈尔。

《大阪朝日新闻》号外　昭和六年十一月二十二日

（在齐齐哈尔 21 日木下特派员发）

（由航空信奉天轻由）

多门师团长准备在 21 日发布告，告知：日本军对于黑龙江军的攻击，击退之后进入了齐齐哈尔，日军只是除消灭当前敌人之外，无任何目的，即是对齐齐哈尔的内政及东支线，与外国的关系并不涉之，官民可以安心从业。

在齐齐哈尔城外警戒中的日军骑兵某联队某中队。

马占山率部开始了转移。撤退前，他接到了汉奸张景惠的电话。张景惠是张作霖的拜把兄弟，他对马说："无论如何，兵士先退，君不可退，留在省城，与日军从长计议。"马占山回答："占山自信系一好男儿，绝不降日本；阁下如降日本，则人各有志，不必相强。"

11月20日，马占山率部到达克山县。

占据齐齐哈尔南大营的日军某旅团司令部。

《大阪朝日新闻》号外

昭和六年十一月二十二日

"在月光下，观看战迹，无人旷野死一般地沉默，横渡阴气逼人的战场，从哈尔滨至齐齐哈尔"

(20日在齐齐哈尔大泽特派员发)

虽说铁路沿线有严密的警备，但是沿线附近的村庄里有残兵败将和部分土匪，所以没有生命保障，人心里有一股不安的感觉。在各车站有严肃的护路军，巡警们森严地警戒中，火车开往昂昂溪。在沿线附近，散在地看见，北满月光下的战迹战壕。从车窗望见战祸令人毛骨悚然。夜间北满的旷野无边无际，在草原与天空合处有星光灿烂，确实是无法表达的死的沉默。

《大阪朝日新闻》号外　昭和六年十一月二十二日

(20日在齐齐哈尔大泽特派员发)

日军占领齐齐哈尔后，公安局巡警执行市内巡察。

在后依拉巴翻倒的马占山部队军用列车。

大约等待一小时左右，幸亏在日本国内想见都见不到的轻便铁路喀哒喀哒开车了。大家迅速上车，开往目的地齐齐哈尔，一看沿线到处有如长蛇一般的战壕和马占山军藏身的大洞穴，还有被炮弹劈开的榆树、白杨树枯木等使人可怕。在侧车窗能看到远处村庄，由于残兵放火，烧得通红，看近处顽强抵抗我军袭击的马占山军战士的尸骸，血淋淋地到处扔着，阴森极了。不久平安到达了齐齐哈尔车站。

龙江车站（齐齐哈尔）的日军步兵某联队瞭望台。

马占山率军政两署和部队沿齐克路退却，行前已下令拆断了齐齐哈尔至泰安镇之间的路轨。日军果然随后追来，因路断受阻，只好另做打算。

日本人虽然占领了齐齐哈尔，但心有余悸。马占山虎威尚在，仍是心头之患。11 月 22 日，马占山撤至海伦，部署阻敌的军事会议刚结束，前方传来情报，日军企图秘密袭击克山。

情报很准，马占山心中有数。风雪扑面的夜晚，配以炮队的 3000 多日军骑兵，悄悄推进而来。没料到，想偷袭的反倒被袭击。设埋在山林里的抗日军的骑兵，当地民团和军警，半路上突然杀出，打得日军措手不及，刚一接触便且战且退。

日军初尝林海雪原中暗藏的杀机，不得不中止了马上进攻的打算，待机而动。

距离大兴站约一里半的北方，日军在向后依拉巴部落进军。

日军在后依拉巴部落的炮兵阵地。

长谷部嫩江分队长在三间房。

日军步兵某联队长浜本大佐在占据齐齐哈尔后留影。

20日午前6时10分，到达奉天车站的铃木弘前混成旅团长和急去兵营的青森联队的士兵。

《大阪朝日新闻》号外　昭和六年十一月二十二日

（在齐齐哈尔 21 日木下特派员发）

（由航空信奉天轻由）

"马占山去何处？"这是全支那举国的话题。北满的不知名的乡村武士，在 9 月 19 日以来，以我军为对手，在大兴附近交战，再战三间房，这件事对全支那的青年们刺激很大。据 20 日某方面的消息，从上海、北平、南京、奉天等主要城市是不用说，从偏僻的农村也打来激励的电报，事到如今，不能退出与我军的关键决战。因此在 16 日的当天，自己骑马打头阵，当总指挥官，筑成了蜿蜒五里之长的三层堡垒，在支那军里来说执行了珍奇的作战妙法。但在 18 日关键的战斗中，已不出现阵地，在齐齐哈尔城内东三省边防公署隔壁的豪宅里。而赌胜负的三间房一战，吃败战后，可能想辞去北满的王座。但并没想到我方日军冒着严寒彻夜踏破无路可走的旷野，19 日午前 1 时，逼到齐齐哈尔城外。做着太平梦，知道我方第 O 师团主力如涨潮到齐齐哈尔城后，惊慌失措，领着护兵 2300 名，于 19 日午前 3 时从齐齐哈尔龙江车站通过齐克铁路，逃到在齐齐哈尔东北 220 公里的克山，抱怨自己不走运当了败将。

利用双方对峙的时机，马占山在抓紧时机扩充、训练抗日武装。他致力补充和整顿政府军队，却没有忘却增强地方的抗日力量。还是在江桥抗敌最激烈的关头，马占山就预想到，日后如无民间武装补充，便不会有抗日的根基。

11 月 10 日，他在致各县县长的电报中说："各县成立保卫团，大县以三百人为度，小县二百五十或一百均可编成组或队，静候待命。"次日，马占山又致电督促各县迅速办理。海伦抗日政府成立后，马占山一再电令各县火速组织保卫团，并委派省政府官员到各县实地查视。他还派部队将一部分军械和弹药，秘密送往克山和拜伦存储，交给地方保卫团。

在退守三间房后，马占山便电令各县火速组织保卫团。经过马占山的努力，各县的保卫团在短时间内组建起来，其团丁长官身家可靠，大多是地方头面人物，被授予上校或中校军衔。枪支和弹药，一半自行配备，一半由省政府统一发给。第二天，他又再一次“严申前令”，督促各县迅速办理，并委派省政府官员到各县实地查视。

他这样想了，这样说了，便也这样做了。撤到海伦不到半个月，就以军事总指挥马占山和副指挥兼参谋长的名义，任命了多名统领保卫团的总队长。事实证明，这是一项具有远见的措施，不失为有识之举。原来的东北军部队由于战斗减员，以及一些军官率部投敌，已经所剩无几，如不组织民间武装来补充，就更加不利抗日。后来马占山所统率的抗日军队的主体，正是这些保卫团和义勇军，成为了黑龙江地区主要的抗战力量。

退守海伦后，马占山的心境更加孤寂。他不止一次地恳请国民政府发兵支持，得到的回答却总是“静候中央命令”一类的空话。与此同时，日本侵略者对马占山的军事威胁和政治诱降却在一天比一天加紧。马占山，这位风云战将，不得不思考自己的处境。在复杂的局面下，马占山的思想发生了动摇。

12 月 6 日，马占山这位江桥抗战的英雄、组织抗日武装的功勋，竟在日军的威胁和诱骗下，由海伦赴哈尔滨，会见张景惠等人，双方取得“谅解”。

《大阪朝日新闻》号外　昭和七年一月二日

“黑龙江独立，张景惠宣言”

（哈尔滨特电 1 日发）

张景惠按着原先的计划，在 1 日发表了独立宣言通电。大要内容如下：黑龙江事变后马占山率兵移居海伦，黑龙江省的防备成了空虚，政务停顿，商民陷入了涂炭之苦，恳求张景惠接收省政务。首先容纳黑龙江省代表的请求，让英顺赴齐齐哈尔维持治安，但是 12 月 3 日黑龙江省绅商

黑龙江省党部插上了太阳旗。

民各界，向我恳求速去齐齐哈尔主宰一切。景惠自认为不能担负其重任，但是此后黑龙江省各团体代表，屡次来到哈尔滨说，政务的荒废及人民的困境看不下去，请求让我去齐齐哈尔掌握政务。因此本 1 月 1 日起，暂时景惠自己兼任黑龙江省最高政权，按着奉天、吉林两省的现行办法，来处理政务。望黑龙江省各县、各法团迅速召开民众大会，选出贤才，让我完成其重要使命。以上，张景惠氏近期到齐齐哈尔，确立其政权，还未确定出发哈尔滨的日期。

1932 年 1 月 13 日，马占山向南京国民政府主席林森发出通电，表露了自己“相机应付”的念头，实际上就是准备与敌人妥协。

2 月 10 日，马占山亲自到哈尔滨与日军多门师团长进行了会面，双方讨价还价。

2 月 16 日，马占山赴沈阳参加所谓的“四巨头”会议，即筹建伪满洲国的会议，与张景惠、臧式毅、熙洽三位汉奸坐到了一起。马占山“以人格担保”，未在起草的“建国宣言”上签字。紧接着，他在齐齐哈尔就任伪黑龙江省省长一职。3 月 9 日还参加了在长春举行的伪满洲国成立典礼并被委任为伪满陆军部总长。

马占山妥协变节的消息一经传出，全国舆论大哗。各地纷纷来电责问，有的商人向他索还当初捐赠的款项，因仰慕他江桥抗战应时而创的名牌香烟“马占山”，即刻滞销、停产。

对马占山情绪最为激烈的，还属当日支持他喋血江桥抗战的同僚和部属。军署参谋长谢珂愤然出走，一批耻于同流合污的军官也不辞而别，各县保安队纷纷宣布脱离马占山。他青睐的亲信李海青和张锡武，同时分道扬镳。李海青毅然率队越过松花江冰面，含怨南下，进入吉林的扶余境内，向中东路沿线靠近。

马占山忍受着内心的巨大煎熬。寄人篱下的日子，他卧薪尝胆。

告别黑土地的悲壮

北疆的4月，冰雪初融。在日本人逐渐放松警惕之时，马占山起兵反正。此前，他将钱款、重要物资和军马300匹悄悄运走。

4月2日午夜。马占山率卫队潜出省城，乘夜色“金蝉脱壳”，于7日抵达黑河。马占山为了免除与敌以死相搏的后顾之忧，破釜沉舟地做出了一个生离死别的抉择：遣散妻子、毁家纾难，以表抗日决心。是时，天性刚烈的马占山不顾家眷们的哀求，厉声喝道：“如不走者，即当去死！”在场之人无不为之动容。

在黑河，马占山着手重新组织抗日省政府，成立了黑龙江省抗日救国军总司令部。为补充部队给养，他变卖了家产。

救国军曾在松浦镇与敌大战一场。这是马占山重返抗日杀敌战场的第一仗。松浦镇战事正酣时，5月14日，抗日救国军所在地黑河，举行了出征誓师大会。众将士呼声震天，慷慨悲歌，誓死共赴国难。

5月15日，马占山在“扫荡丑类，还我山河”的通电声中，率队出征。

5月28日到达海伦前线。

在救国军阻击敌人的枪炮声中，马占山会晤了国联调查团的随行记者，用亲身经历，揭露了伪满洲国成立的内幕，表达了中国军民誓死抗敌御辱的决心。

6月初开始，抗日救国军四出活动，广泛开展游击战争，频繁地打击敌人，取得了可观的战果。在日军的“追剿”下，马占山突围转战兴安岭，在密林中辗转了50多天，以草根树皮充饥，马占山几度遇险。

马占山用自己的行动洗刷了身上的耻辱，再度赢得了国人的尊敬。

马占山传奇般的抗日经历，让东北抗战史变得厚重。

《大阪朝日新闻》号外　昭和七年一月二日

“铃木部队在齐齐哈尔迎春”

（齐齐哈尔特电 1 日发）

在北满阵中迎接元旦的铃木 O 团，1 日午前 9 时，司令部及各队进行了遥拜式。在留日本人 300 余名也在午前 11 时，于领事馆进行遥拜式。充满了和谐的新春之喜悦。

齐齐哈尔沦陷后，《朝日新闻》号外刊登的消息掩饰不住狂妄的喜悦。

朔风、冰雪、严寒相伴降临时，齐齐哈尔的机场还降落下伪满洲国的顾问板垣征四郎。

板垣心中惦记的，是海满地区的征服。

海满，是人们对海拉尔和满洲里的习惯称谓。

由于该地区毗邻苏联，关系复杂敏感，日本恐怕引起苏联干涉，暂时未敢用兵深入。率军驻守此地的是步兵第三旅旅长、呼伦贝尔警备司令兼哈满护路军司令苏炳文中将。他不但握有满海地区的军政大权，而且是黑龙江省的军政界要员。

苏炳文是辽宁新民人，保定军校第一期毕业。1930 年 10 月，他调任黑龙江呼伦贝尔警备司令兼中东铁路哈满护路司令、黑龙江步兵第二旅中将旅长、呼伦贝尔市政筹备处处长，成为呼伦贝尔最高军政长官。

苏炳文不仅足智多谋，还善于带兵，深孚众望。江桥抗战时，苏炳文曾派出一个团支援前线。此后的时间里，他与日军虚与周旋，既未公开举旗抗日，也未明确接受伪职。天高皇帝远，日军一时也奈何不得。

马占山重新抗日后，电邀苏炳文起兵响应。苏炳文的态度并不明朗，他按兵不动，犹豫徘徊。日军为了兵不血刃占领海满，软硬兼施，促其接受要职，可是颇有民族气节的苏炳文，拒绝了日军的高官重金拉拢，还借口与日军外交交涉解决东北问题，拖延时间。当他发现一切都是泡影时，站立涛头的苏炳文，经过深思熟虑，终于毅然决然地奋起抗日。

警戒齐齐哈尔南大营的日军步兵某联队。

在齐齐哈尔市内行军的日军骑兵部队。

日军进入齐齐哈尔南大营的野炮兵炮车。

1932年9月27日，清晨，海满铁路各站护路军，突然一齐动作，切断了与外部联络的电话后，扯下伪满洲国的旗帜，升起中国的国旗。而后发动民众打烂一架日本飞机。在人们的惊愕中，这些佩带“铁血救国军”臂章的护路军人，迅速地占领了沿线车站，禁止列车通行。立时，海满铁路线陷入瘫痪状态。

护路军在车站动作时，以海拉尔市为中心，海满其他地区也风云突变，伪国境警察大队被解除了武装，日伪人员被拘捕监禁，日侨、外交人员和非战斗人员，被安妥地送交日本领事馆照料。

此时，与日本侵略者大肆吹嘘的九一八事变“攻占沈阳”一周年，刚过不到10天的时间。黑龙江省西北地区的嫩江岸边，又掀起了一股抗日的怒潮：博克图中共地下党员宁匡烈除掉日本间谍及同伙三人；扎兰屯军民将为日军搜集情报的白俄走狗一网打尽。

10月1日，苏炳文就任东北民众救国军总司令，谢珂欣然受命，出任总参谋长。海拉尔民众举行三万余人的游行示威，并向苏炳文赠送一面印有“抗战到底”的锦旗。

联手进击，反攻省城。英雄所见略同。东征脱险后的马占山，与风云激荡中的苏炳文想到了一处。他们互相派人联络，并发动朴炳珊、李海青等部义勇军。一拍即合，兵分东南西北，准备四路出击，反攻省城齐齐哈尔。尽管最终没有克复，但救国军一部攻占了重镇富拉尔基，沉重地打击了日军。

在苏炳文“宁为玉碎，不为瓦全”的铿锵回应声中，两万多日军步兵、骑兵、炮兵，还有飞行队一齐开向民众救国军阵地的前沿。

在震耳欲聋的轰炸声中，据守前沿的民众救国军的三个团和红枪会，凭依工事奋起抗击。敌人发起的攻击，一次又一次地被打退了。降下暮色时，阵地前躺倒着日军几十具尸体。

接下来的是四天四夜的生死搏杀，民众救国军后续无援，彻底破坏了铁路和桥梁，退守第二道防线。

日军发挥装甲车和汽车机动部队的作用，很快突破了第二道防线。据守前沿的民众救国军，按照既定的部署，退到第三道防线。

部队还未来得及休整，第二天拂晓，日军各兵种协同作战，发起了攻击。民众救国军固守阵地的两千多将士，拼死迎击。

历史往往因为遗憾才发人深思。随着日军不断地从日本国内、朝鲜境内及东北各地抽调精锐兵力增援北满，到11月中旬，抗日形势岌岌可危。经历了多次交战的抗日救国军已经人困马乏，嫩江已经封冻，沿岸无险可守。在这以一当百，原始兵器对现代武器的搏击中，勇士们一排排地倒下去，鲜血染红了雪野。

12月1日，扎兰屯陷落，救国军总部遭到袭击，伤亡殆尽。日军分兵四路凶猛地扑上来，已经切断了民众救国军退向总部的去路，突围希望渺茫，战士被迫向苏境移动。

2日，日军侵入牙克石，苏炳文率领余部满怀悲愤心情告别了海拉尔。

马占山来了，两双大手有力地握在了一起。收复失地的愿望已经落空，日军却凶猛地在向边境靠拢。

3月3日，寒风凛冽的夜晚，7辆轰响的列车，载着苏炳文、马占山、谢珂和4000多名抗日将士，告别了白雪覆盖的黑土地，退入苏联境内。

临行前，苏炳文等分别向张学良和全国发

昂昂溪大战中，日军投入的新兵器——装甲机动车在行进。

出通电："拟即假道回国，另行工作，与寇周旋，一息尚存，此志不懈。"还有致电国际联盟的声明："东北民众对于暴日只有抵抗，决不屈服，除非杀尽我三千万人民。"

新中国成立后，苏炳文当选为全国政协委员。1954年任黑龙江省体委主任。1975年5月22日病逝，终年83岁。

2013年秋，我在海拉尔呼伦贝尔古城礼拜了苏炳文将军塑像。他驾马驰骋谱写海满抗战篇章的英姿，在表达着海拉尔人民对世界和平的渴望与珍惜。

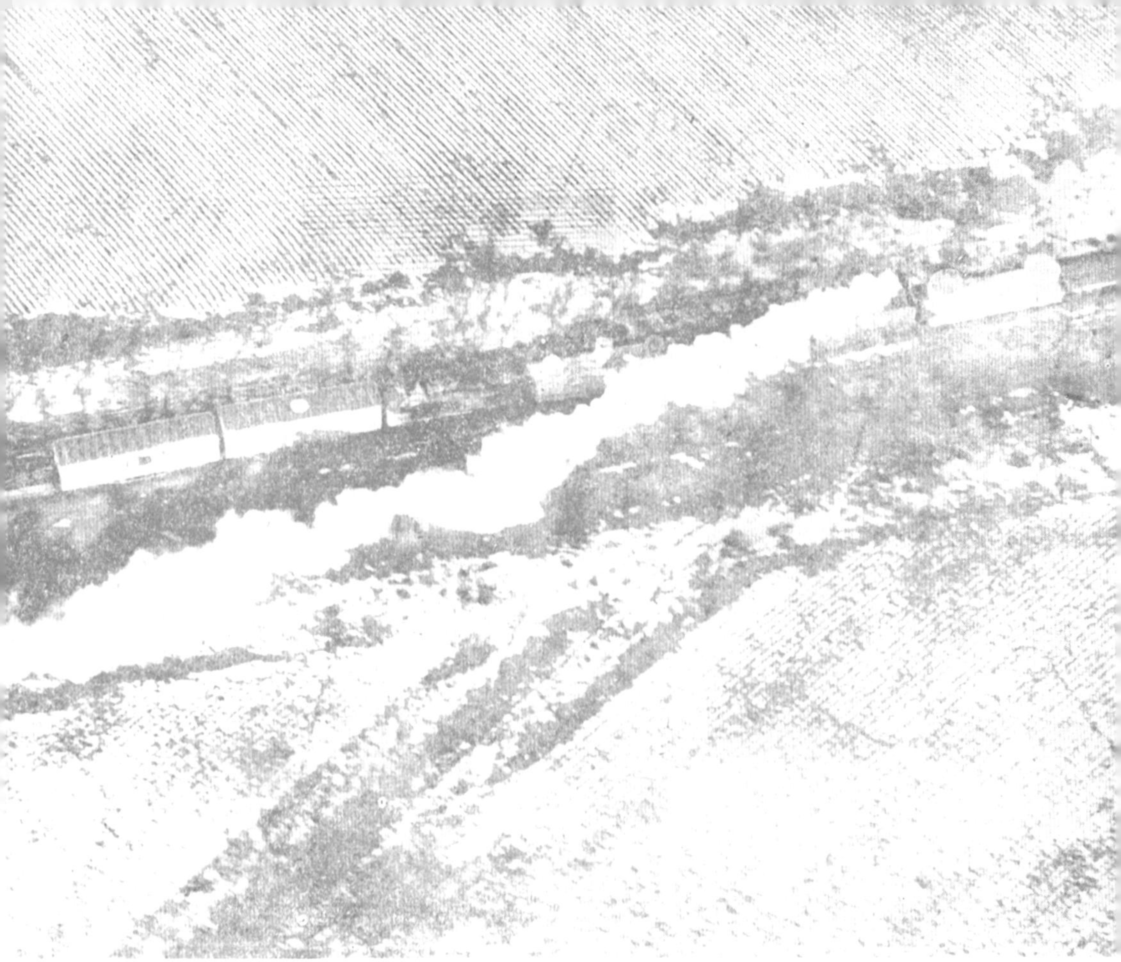

第 五 章

不屈的民族御侮斗志

谁撒播战争的种子，收获是自己的毁灭。——中国

听起来像天堂，实看似地狱。——日本

战云又笼罩辽西上空

辽西走廊宛如一条玉带，连结着关内与关外，自古为兵家必争之地。明朝末年，抗拒努尔哈赤、皇太极两代君主的“关锦防线”就是在这里构筑的。

“九一八”之后，日军相继在沦陷地拼凑傀儡政权，走向也事关“关锦防线”。日军图谋华北就要在锦州落脚，下一步才能触摸山海关。

针对沈阳沦陷局面，9 月 23 日，张学良电告各方，将辽宁的军政中心西迁锦州，并委任在锦州的张作相代理东北边防军司令长官；设立辽宁省政府行署，任命东北兵工厂中将总办米春霖为代理省主席。继而，临危受命的米春霖从北平受领赴锦州组织省政府行署的任务后，于 9 月 27 日抵达锦州，他与原省政府的流亡官员们会合，又从辽西招募了一批办公人员，立即投入到紧张的工作中。很快，荣臻、黄显声、张振鹭等军政要员都赶赴锦州办公。据说，东北边防军司令长官公署参谋长荣臻是化装成厨师，才从沈阳城中潜出，也赴锦州办公，处理两行署军政事务。米春霖选择了当时的东北交通大学校舍（今锦州铁路高中）作为办公地点。为表明

日军入城当天早晨，《大阪朝日新闻》记者在飞机上拍摄的锦州名胜高塔。

守土决心，将办公地的两扇大铁门设计为圆形，颜色也特意刷成红色，每当官员进出大门都要“撕裂太阳”，以提醒不忘抗日。

9月28日，辽宁省抗敌政府于锦州成立。军政两署重建后，急调原驻通辽的骑兵第三旅张树森部，配置于打通线上的通辽、彰武、新立屯一带；驻盘山的步兵第十九旅孙德荃部，配置于北宁干线及营沟线上的大虎山、沟帮子、盘山、大洼一带；锦州当地驻军——张作相之子张廷枢任旅长的步兵第十二旅，会同驻洮南的步兵第二十旅常经武部、炮兵第六旅第二十三团、公安骑兵总队集中于锦州附近，沿大凌河布防。

黄显声也曾主持召开了辽西八县公安局局长会议，决定将所有公安大队、警察和民团、警部，统一改为辽宁公安总队，每县为一大队，由公安局局长或公安大队长任指挥，熊飞任总指挥。黄显声又曾通令全省其他各县，抓紧对民团的组织。就此，为点燃抗日义勇军的烈焰，埋藏下了火种。共赴外侮凭凌，国难日亟，全力守卫辽西之际，各地区的抗日义勇军也都成了不可忽视的有生力量。

任鸿在《〈国歌〉与盘山义勇军》中记载：

9月19日，当日军占领沈阳城的消息传到盘山，在震惊与愤怒的同时，张海天、项青山便联络盖中华、蔡宝山、傅金龙等江湖好汉，共商抗日大计。

在国难当头、家园沦丧之际，他们清醒地认识到，只有拿起武器，起来斗争才是保住家园的唯一选择。张海天、项青山、盖中华、蔡宝山、傅天龙等，首先在盘山县沙岭一带扯起了“讨日扶民救国军”的大旗，履行起“守土保家、抗日救国”的职责。

1931 年 9 月 23 日，即九一八事变爆发后仅仅过五天，“讨日扶民救国军”400 余人，分别袭击了日军驻地的田庄台发电所和立科水源地。

9 月 24 日，抗日武装 100 多人在田庄台与日本守备队展开激战。

9 月 25 日 22 时 50 分，民众自发抗日队伍拆除了沟营铁路河北站附近一段铁路，以阻止日军相互增援。

正如阎宝航所说的那样：“明知血肉之躯不足以抵挡敌人的弹雨硝烟，然为表达民族之精神，任何牺牲在所不惜。”

日军遭受中国民众武装的打击后，关东军参谋片仓在《满洲事变机密政略日志》中写道：“近来成立的锦州政府，其存在不仅扰乱满蒙治安，而且妨碍新政权的建立，因此，根据 10 月 2 日军首脑部最高会议的根村方针，绝对不能容忍。”

1931 年 9 月 24 日和 10 月 8 日，日军飞机先后两次轰炸锦州城，居民被炸死、炸伤多人。轰炸地点，包括现凌河区境内的火车站、东大营、石柱子等地。

8 日中午时分，日军 12 架飞机，投下 25 公斤重的炸弹 75 枚，并以机关枪进行扫射。据《“九一八”后国难痛史》上记载，第二天锦州县政府调查可证，无辜民众被炸死 23 人，重伤 26 人。

关东军作战主任石原莞尔乘客机视察了轰炸情况。

2015 年，我调研来到这里时，90 年前的校舍和操场上梁思成、林徽因的设计作品，当年已经被日军炸毁，但风格独特的校长楼却完整地保留下来。大门是一座在辽西地区并不多见的欧式建筑，特别是学校的拱形大门，更是具有鲜明的罗马风格。

关东军欲以轰炸的方式，直接对锦州政府和南京国民党政府进行威吓同时，也对国际方面的反应作一试探。

发生轰炸后，各国舆论顿时哗然。这是第一次世界大战以后对城市的严重轰炸。中国政府立即向国联提出控告，并要求紧急召开理事会。国联理事会也决定将会议时间提前在10月13日。

《大阪朝日新闻》号外　昭和六年十一月二十九日

"事态并不坏，出渊大使谈话"

（联合华盛顿28日发）

驻美大使出渊胜次氏，在28日拜访斯蒂姆逊长官，对锦州问题进行了意见交换。会后出渊大使讲：我不认为日军攻击锦州、日本轰炸锦州等的报道是错误的。在齐齐哈尔的日本军已撤退南方，我没看过斯蒂姆逊长官27日批评日本外务省的声明。所谓声明，报道用词很激烈，但真正的事态并没那么坏，没什么了不起。

10月24日，国际理事会提出了限期日军撤兵的决议案。

锦州东濒大海，西临热河，地处关内外通道的咽喉要位，是日军西进的必经之路。

日军虽说加快了夺取辽西的行动节奏，苦于对满铁沿线的占领以及向吉林、黑龙江进攻兵力不足，为了夺取辽西地区，便组织伪军先行活动。

10月11日，关东军派奉天讲武堂教官、预备役步兵大尉仓冈繁太郎等16人，以重金收买辽西土匪首领凌印清，帮助他组织伪军。

10月19日，凌印清在沈阳粉墨登场，露出本相。宣告成立所谓"东北民众自卫军"，凌印清任总司令，仓冈为顾问。靠日本人提供的大量经费武器，拉出了一支号称18个师8万余人的伪军，实际上真正有战斗力的不过1000多人。真正指挥这支伪军的是十几名日本顾问。

日军收买凌印清的目的，一是利用凌印清推翻设在锦州的辽宁省抗敌

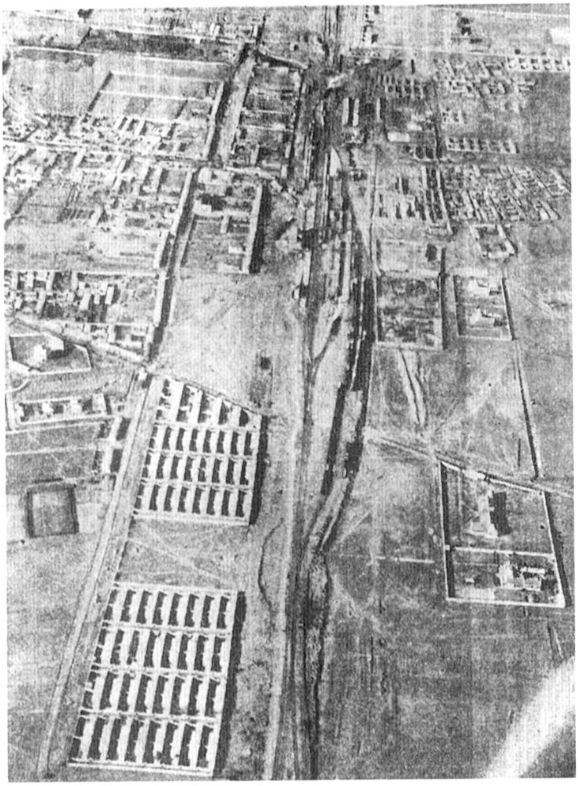

大阪朝日新闻社飞机从空中摄影的锦州车站附近。

政府，二是制造出兵借口，先纵匪骚扰，然后以维持地方治安为名，直接出兵侵占辽西。打通日军入关的通道。

10月20日凌印清等人从沈阳出发，设司令部于盘山河岭，随后不断骚扰盘山、台安、辽中、海城等地。

凌虐的气焰必须扑灭，黄显声清楚日本人的险恶用心，奉代长官荣臻之命，派原沈阳市公安局警察长熊飞，率两个公安骑兵纵队前去剿办。熊飞刚刚被在北平的东北民众抗日救国会推选为该会军事部副部长。

熊飞在动用武力前，闻知凌印清伙同日本顾问，携带枪械、服装等大量的军用物资，配以高官厚禄，劝诱绿林中的项青山、老北风、盖中华等部归顺。

熊飞到盘山县后，找到了他的学生、时任伪第一师第一旅旅长的单庭秀，向其晓以利害。单庭秀说服了伪第一师师长项青山等人，项青山等人决意揭竿而起，为民族大义捐躯。他们先以“受降”为名，交出所部的花名册，造成允其收编的假象，巧与周旋。

九一八事变后，盘山义勇军就歃血结盟，建立了“讨日扶民救国军”，喊出了“抗击日寇，保卫家园”的口号；1931 年 12 月在保卫锦州的战役中，他们又发表了抗战史上最悲壮、最感人的《宣言》《通电》，表达了坚定的抗日信念。“凡我中华裔胄，决不甘当亡国之奴，宁杀贼以致死，不委屈以求全。爰组织东北民众义勇军，凡有加害于我者，决以自卫手段，誓死抵抗，万不能屈辱暴力之下，听人宰割。良心所使，义无反顾，为自卫而死，为国家而死，为民族争生存而死，死有余荣”，“决以此满腔热血，溅于白山黑水之间，以灌溉中华民族自由之花，敌氛未靖，誓不生存”；不被高官厚禄所惑。

日伪多次出巨资悬赏通缉老北风、蔡小疙等义勇军首领，《盛京时报》1932 年 1 月 30 日报：“（海城）县警署鉴于胡匪肆意横行，若不采釜底抽薪之策，深恐祸患不已。特张贴布告，悬赏通缉老北风、蔡小疙、海洪三匪首，生擒者赏洋三千元，死获者奖洋一千元，如该匪首等能弃械归农，定开既往不咎之恩，与以自新之路云。”但这些招数都没有让老北风他们退缩，他们依然活跃在抗日战场上，给日军最沉重一击。

1931 年 10 月 20 日，凌印清率领着他的参谋长王槐三、十七旅旅长冯仙洲以及日本顾问仓冈繁太郎等人从沈阳出发，到辽南、辽西一带招兵买马。

这支号称八万人、设三厅九处十七旅编制的汉奸部队，武器装备优良，有日本关东军飞机助阵，有《盛京时报》摇旗呐喊，给锦州张学良的辽宁省临时政府很大的压力。张学良一方面做积极防守，一方面派熊飞到盘山围剿。

凌印清以高官厚禄去诱降盘山义军首领张海天、项青山等人。为了赚取凌印清的军用物资，并以最小的代价获取最大的战果，在熊飞的指导下，张海天、项青山等将领决定将计就计，假意接受收编，然后调兵遣将。

张海天又名张贺年，号“老北风”。辛亥革命爆发后，为本村地主张海兰家赶车、当炮手。翌年，被迫为当地警察分所当杂役，由于不堪警察们的欺凌辱骂，盗出枪支投奔报号为“老头票”的大股土匪。他虽无文化，但天资聪颖、胆大心细、重义气爱乡土，杀富济贫，颇孚众望，被推为头目之一。

中国公安队在新民县周边防卫。

1931年11月3日清晨，大雾弥漫，“老北风”张海天和项青山等人以进见为由进入凌印清住地三道沟，分头率领队伍冲进凌印清和日本顾问的住屋以及伪军的营房，没费一枪一弹生擒了大汉奸凌印清、参谋长王魁三、十七旅旅长冯仙洲和日本顾问仓冈繁太郎等人和日军翻译、士兵、伪军，缴获了枪支弹药和军用物资。

11月18日，盘山义勇军以卖国罪、侵略罪判处凌印清、仓冈繁太郎等人死刑，在沙岭南执行枪决。此役不仅一枪未放，一举歼灭了日本侵略者苦心经营的这股反动武装，而且揭开了辽南民众抗日的序幕。

中国公安队的迫击炮安置在新民县市内要地。

盘山义勇军智擒伪军总司令和日本顾问的事件，在当时引起很大的轰动。1931年11月8日《盛京时报》报道：“匪首老北风一股，现率匪众马步共一千五百余名，到处横行，势甚猖獗。闻彼前曾乘虚，剿凌印清部下之军械，得机关枪六架，步枪三百，子弹数万粒，因而精锐难挡。”

“东北民众自卫军”群龙无首，一败涂地。日本关东军花费很大气力扶植起来的汉奸部队全部覆灭，想利用凌印清汉奸部队进攻锦州的计划也宣告破产。

正如黄显声1932年1月13日在救国会的一次报告中所说的那样：“以未受训练之老百姓，使用19世纪前之武器，而抵抗强国及新式战具。”它粉碎了日本皇军是不可战胜的神话，给骄横的日本人以沉重地打击。它粉碎了日军企图利用汉奸部队进攻锦州的阴谋，减缓了张学良的压力，增强了东北人民抗日救国的信心，促进义勇军队伍迅速扩大。

事后，张学良嘉奖平乱有功人员现洋五万元。但碍于“不抵抗”命令的羁绊，要求黄显声组织的抗日武装，不得使用正规军的番号，只能以警察公安部队或民众义勇军的名义出现。于是，黄显声分别委任项青山、老北风（张海天）、盖中华为东北民众抗日义勇军第一、二、三路军司令，分驻盘山、辽中和台安。

日军不愿善罢甘休，他们一面派兵对项青山、张海天等进行报复，另一面又继续网罗汉奸，推行其恶毒的“以华治华”的政策。

一波未平，一波又起。还是在凌印清被消灭之前，日军就收买了张学成。

张学成是张学良二伯父张作孚之子，是张学良的堂弟。张作孚任黑山县巡防队长剿灭股匪阵亡，所以张学成在大帅府成长。张作霖在世时，他曾在张宗昌的直鲁联军担任师长，为非作歹、危害百姓。因此张学良主政后，他总是感到不受重用。张学成对此一直嫉恨在心，1931年7月石友三在河北叛乱时，张学成本想里应外合把张学良搞垮，却没能得逞。

九一八事变发生后，张学成就有亲日倒兄之意。此时，他心甘情愿地为日本主子效劳，将“东北自卫军总司令部”设于黑山县高山子附近，大肆收编胡匪，拼凑了十八个旅的番号，以壮声威。

这支伪军虽然也是空架子，但张学成毕竟身份特殊，他和张学良是近亲，又熟悉东北内部的情况，一旦利用他门出张氏家族这一特殊身份，与日军勾结成势，其破坏作用是不可忽视的。

当时锦州军政两署的官员，对如何处理张学成都颇感为难。黄显声力排众议，为了慎重起见，亲赴北平向张学良征求意见，建议及早进剿。

1987 年 5 月，张作孚的次子张学文，从巴西返回辽宁故里观光，到辽西驿马坊张作霖墓园祭扫，我曾全程陪同。在采访中张学文谈及，张学良大义灭亲前，在北平副司令行营即顺承王府曾征询过家人的意见，可见他并非没有考虑到亲情因素。直到西安事变前，他也曾与信张学文，“汝切记你是张学良的兄弟，勿再走你西卿二哥之前辙。”信中提到的西卿，即张学成。这就又一次暗示和强调，就是自己的兄弟，张学良也不会徇私放纵。

征得张学良同意后，熊飞派第二公安总队长庄景福率部到高山子，歼灭了这股伪军，日本顾问被击毙，张学成也殒命。日本侵略者“以华治华”的阴谋，再次落空。

张学良对作战有功者进行了嘉奖。他称赞熊飞“又正义、又公平”，因而赐名“正平”，后来熊飞出任东北军一一五师少将师长，就是以熊正平这个名字就职的。

同关东军合谋的天津动乱

日本有一句俗话：没有火的地方，不会冒烟。

人们谈及九一八事变时，往往忽视“天津事件”是九一八事变的有机组成。其实，他们目的是出自同一本源。日方制造天津事件的目的之一，在于挑起战端。

九一八事变后，驻天津的日本“中国驻屯军”也跃跃欲试，香椎军司令官在发给关东军司令官本庄繁的电报中说：“为了解决满蒙问题，不仅从

天津日军步兵队本部刚贴出情报，“义勇队”争先观看。

满蒙清除原来的东北旧军阀，而且要尽快地摧毁张学良在河南的旧势力。”

关东军正为消灭锦州军政两署绞尽脑汁，于是，为了达到实现在满蒙的生命线，双方不谋而合。

对于这一点，《大阪朝日新闻》号外记录做了提醒。

《大阪朝日新闻》号外　昭和六年十一月十二日

“来自嫩江战线”

佐野本社特派员拍摄（9 日）

① 在天津日本租界街上，我军做非常警戒防范。

② 靠沙袋防备的我方战士。

③ 在天津日本租界福岛街口设立的防垒。

④ 我军天津驻在军宪兵队司令部。

⑤ 我军缴获的马占山军队之火车头。

⑥ 修理被破坏的嫩江第二铁桥。

稍微留心就可发现，当时尽管江城抗战难解难分，但号外在“来自嫩江战线”专题上，本社特派员拍摄的6张照片竟然有4张是关联天津事件，可见号外对“天津动乱”的关注。

根据《辛丑条约》，天津有英、法、德、意、日等八国租界，各国在租界内均有军队“合法”驻扎权，美国无租界，但有驻军权，中国军队只能驻扎在离外国驻军地点20华里以外，天津华界则由保安队和警察维持治安。

九一八事变爆发后，日本决心扶植清朝末代皇帝溥仪作为伪政权的“首脑”。为了掩护溥仪出走东北，土肥原制造了“天津事件”。

1931年九一八事变之后，日本不仅拒不执行“国联”要求其从中国撤军的决定，反而加快了部署侵略中国的计划。在得到中国东北这块肥肉以后，日本就想把天津变成第二个沈阳，再制造出一个“九一八事变”。

9月23日上午，一个秘密的四人会议，在关东军参谋长办公室里进行。刚刚策划并执行完吞并中国东三省计划的特务头子土肥原贤二，提出了一个方案，其核心内容是建立由日本控制、脱离中国本土的“满蒙王族共和国”。

日本中央军事机构根据这一方案制定了《满洲问题处理方针纲要》，并派遣土肥原贤二到天津，秘密策划在天津制造混乱，以方便日军借机进入。土肥原贤二策划“天津事变”一事，还有一个目的，那就是挟持溥仪去东北。

1931年11月初，土肥原贤二由沈阳潜入天津，进行阴谋活动。土肥原贤二做事一向缜密，不过这次事件的策划却走漏了风声。实际上，从土肥原贤二一到天津，就引起了中国方面的注意。当时天津有一份《益世报》，在1931年11月3日这一天的报纸上，报道了土肥原已经于11月2日从沈阳秘密抵达了天津，而且连他居住在常盘旅馆都做了详细的说明。11月4日，该报记者又证实，土肥原确实已经到达天津数天，行踪诡秘，很少有人知道他每天都做些什么。此外还分析出他此次赴津的目的，其中有一项是要把溥仪挟持到东北，并推算出他还会给天津制造一些麻烦，妨碍社会治安。鉴于这些情报，中国方面也做了相应的准备。

日军在天津租界不但有“天津军”驻扎，此外还豢养有汉奸“便衣队”2000余人，及由“在乡军人”组成的“义勇队”1000余人。为了尽可能多地寻找帮手，日本人开始在中国招兵买马。他们一共募集了大约2000多人，大多是土匪、兵痞、流氓、吸毒客等。他们以日租界为巢穴，在日本特务指使下，从日租界冲出到中国地界进行骚扰。攻击的目标是当时地处金钢桥附近的河北省政府、公安局及警察署所。

土肥原贤二从陆军大学毕业后，任职于日本陆军参谋本部，随即由参谋本部派往中国，开始了他在中国的特务生涯。土肥原能说一口流利的北京话，还会说几种中国方言，这为他从事谍报工作提供了十分便利的条件。因其工作业绩显著，于1930年被调任天津特务机关长，次年又调任沈阳特务机关长。

在天津日本租界福岛街口设立的防垒。

1931年11月2日，奉天特务机关长土肥原潜来天津，与天津日军取得联系。此行的目的很确切，一面密谋挟持废帝溥仪出走，出任伪国傀儡；一面策动天津暴乱，配合关东军攻取辽西，完成对东北的占领，并为侵占华北打开通路。

溥仪是清朝末代皇帝，1909年即位，年号宣统。1911年辛亥革命发生，仍暂住紫禁城内，保持皇帝尊号。冯玉祥修正清室优待条件，废除其皇帝称号，1924年11月，溥仪被迫退位，被逐出紫禁城，辗转避居于日本公使馆。

1925 年 2 月，溥仪移住天津日本租界内，先住张园。

1929 年，溥仪又迁往静园。他在“静园”，“静观变化，静待时机。”

九一八事变爆发，溥仪更幻想借助日本的势力，实现复辟的夙愿。

不久，关东军派特使上角利一来天津会见溥仪，表示“诚心诚意地帮助宣统帝恢复自己的国土”，希望溥仪立刻动身前往东北。

10 月 27 日，关东军方面派土肥原为华北机关长潜往天津，通过谋略手段，策动溥仪出走东北。

11 月 3 日，土肥原利用溥仪复辟的梦想，夜访静园。土肥原对溥仪讲，关东军绝无领土野心，希望溥仪不要错过机会，回到祖宗发祥地，主持这个“国家”。

接着，土肥原就催促溥仪动身，说，“无论如何要在 16 日以前到达满洲”。

翌日，中国报纸上登出了土肥原与溥仪见面的新闻，并揭露了土肥原此行的目的。

为了掩护溥仪出走的行动，土肥原制造了“天津事件”。

11 月 8 日晚，土肥原指使汉奸李际春、张壁等组织千余名便衣队，自日本租界出发向华界进攻。同时，驻天津日军也宣布在租界戒严，以保护为名，把静园封锁起来，并出动军队，断绝租界与华界的交通。

9 日，《大阪朝日新闻》本社特派员野口拍摄的“天津事件”照片，经由大连向大阪联络空运。这期号外加上了“天津动乱”专题。

《大阪朝日新闻》号外　昭和六年十一月十二日

“在天津动乱之画报”

自日本租界通向支那街的大马路旭街上设的街垒。

在天津日本租界公会堂设的救护班本部。

我方驻屯军海光寺兵营供水塔下边的防备站岗。

在天津日本租界，靠沙袋防备的日军战士。

日军小岛分队长在白旗堡和绕阳河中间时，听取战况报告。

便衣队出动时，武器亦由日军供给，以炮火铁甲车掩护，并有日军官指挥。

顿时枪声大作。天津市保安队和警察当即合力抵御，奋勇还击，将其打退。

天津市陷于混乱状态。驻天津的日军也乘机出动，宣布在租界戒严，断绝租界与华界的交通。并以保护为名，将溥仪的静园封锁起来。

号外上对“天津便衣”连续做了报道，但是，因为阴谋被天津市保安队粉碎，最后没有向日本公众交代真相。

《大阪朝日新闻》号外　昭和六年十一月二十七日

“我军司令部受敌弹袭击，炮弹炸裂危险很大”

（天津特电 27 日发）

26 日夜，根据我军抗议，支那军说是马上中止射击，但是还继续猛烈炮击旭街海光寺附近，在我军司令部内飞来多数子弹，偶尔有炮弹炸开，破坏了窗户玻璃，产生很大的危险。

在天津日本租界街上，日军做非常警戒防范。

日军天津驻在军宪兵队司令部。

自日本租界通向旭街上设的街垒。

在这种情况下，以司令官为主的干部们沉着地执行警备指挥。认为不诚意的支那军，在27日晨再次开始射击。皇军在各警备线上拼命防御。

9日下午，张学良发出通电，将日军指挥"便衣队"制造"一一·八"天津事变的情况，昭告各方。

11月10日晚，戒严状态仍在继续。在日本天津驻屯军司令部策应下，溥仪藏在一辆敞篷汽车的后箱里，悄悄地离开了静园。

溥仪把此行视为"奔向海洋彼岸，寻找复辟外援的通路"，但抵达营口后，却被关东军封锁起来。溥仪在《我怎样当上的伪满"执政"》中介绍了这段经过。

10日和11日，日军驱使"便衣队"第二次进攻保安队，又被击退。

12日，在日军保护下，土肥原挟持溥仪逃出天津赴东北。溥仪被送到汤岗子翠温阁温泉旅馆，这座日本风格的欧式洋楼，成了他软禁地。继而，又把溥仪迁到旅顺大和旅馆，一直住到伪满傀儡政权成立前夕。

天津市政府向日本总领事提出抗议，张学良再次发出通电，说明真

日军驻屯军海光寺兵营供水塔下边的防备站岗。

在天津日本租界公会堂设的救护班本部。

相，并令中国保安从严戒备。

从此局势逐渐缓和，出现谈谈打打的局面。

26日夜，日本“天津军”急电关东军司令：“在天津附近，日华两军冲突，日军决定断然行使自卫权，击退当前之中国军，切望迅速增兵。”即第二次天津事件发生。

关东军接到此电，决定立即集结兵力，进犯锦州，然后攻击山海关。

《大阪朝日新闻》号外　昭和六年十一月二十七日

“张学良，向锦州军下达总攻击命令——从北宁、大通两线开始”

（电通奉天27日发特急报）

张学良攻击天津日本租界的同时，向锦州军下达了从北宁线和大通线方面，对日本军展开总攻击的命令。

日军装甲汽车队正在向天津最前线出动。

日军在天津海光寺第一线的应战。

日军野战重炮兵，在天津海光寺驻屯军司令部前应战。

27 日午前 5 时 30 分，日军也开始沿北宁线前进。

《大阪朝日新闻》号外　昭和六年十一月二十七日

“关东军首脑部，在紧张中聚集一起进行密议”

（电通奉天 27 日发）

在天津，日支兵冲突的消息在昨夜 12 时到达了关东军司令部，本庄关东军司令官为首的三宅参谋长、石原参谋及其他幕僚们，不顾深夜，聚集在沈阳馆的一室里，对时时刻刻发来的天津电报，集合起来密议。至今晨 4 时还在室内进行商议，气氛很紧张。另外，东拓楼上的关东军司令部里，虽是深夜，灯光照得通亮。中野、武田参谋等忙得不可开交。另外，由于天津冲突，北宁线上的奉天军不知何时采取对日的积极行动。因此奉天车站司令部，以南方中佐为首总出动，以防万一，做运送战士列车的筹备工作。报告情报的跨斗式摩托车及军用车飞来飞去。奉天今晓的气氛是异常紧张。

28 日当夜，有两个旅团奉命回辽河以东部署。此前，日本参谋本部给关东军又连发数电，要求部队撤回。因为中国驻国联代表，在有关条件保证下，同意将中国军队撤至山海关以内。另外，因为美国在华的利益受损，美国对日本提出指责。

日本方面策划的暴乱，使天津市民众深受其苦。

《大阪朝日新闻》号外　昭和六年十一月二十九日

“天津市怨恨张学良，断了生业不能糊口，激增了下野运动”

（天津特电 28 日发）

由于这次事变，在留日本人蒙受了很大损失，估计支那方面的损失也很大。占 60 万天津市民绝大部分是支那人。事变以来，不论是工商业，一切生业的路已断，非常困难。因此近来针对张学良，出现了抱怨之声，

开展张学良下野运动，尤其是学生、商务总会的联合运动值得注目。

12 月 5 日，日本驻天津总领事桑岛在致币原外相的电报中，对此说得很明白：“上述行为的目的，显在扩大事态，作为增兵的口实，同时，以此向中国正规军挑衅，制造与张学良交战并一举将之消灭的机会。”

至此历时近一个月的天津事变，以中方妥协而告终。但天津暴乱事件终为东北军的作战所平叛；这是东北军在关内第一次给日本侵略者以有组织的武装抵抗，制止了第二个“九一八事变”在华北的重演。

御敌在图谋之路

日本有一句格言：愚蠢的人只晓得一条路。

1931 年 11 月，日军占领齐齐哈尔后，已无北顾之忧，于是回攻锦州，袭取辽西地区。

日军利用汉奸武装骚扰辽西的阴谋破灭，就急不可耐地赤膊上阵了。

九一八事变的爆炸声响刚刚停息，战争的阴云又笼罩在辽西的上空。

12 月 4 日和 7 日，日本天皇陆续批准了增加兵力的计划，日本陆军大臣还致电关东军，明确地表示了攻占锦州的意图。

12 日，关东军制订了“攻击锦州的方略”，加速了扩大侵华战争的步伐。

21 日，关东军以“讨匪”为名，拉开了进锦州作战的进犯序幕，分三路向锦州进犯。一路从通辽出发，沿大通线南下；一路从辽南营口出发，溯营沟线而上；一路从沈阳出发，沿沈山线向辽西推进。关东军发表声明，把中国东北军、公安队和抗日义勇军统称为“土匪”，声称侵略行为是自卫的需要。

在汤岗子车站，日军野炮某联队等待开拔。

在汤岗子车站附近，日军野炮某联队摆开阵势。

日军对在新民县被捕的义勇军蔑视为“土匪”。

《大阪朝日新闻》号外　昭和六年十一月二十七日

“日本军从营口开往沟帮子

——向北平铁道方面的消息”

（电通北平 27 日发）

向铁路方面的消息，因日本、日本军从营口进出了沟帮子，当地的东北军准备装甲列车等，筑成了严重的防御阵地，与京奉线上的正规军的冲突只是早晚的问题了。

《大阪朝日新闻》号外　昭和六年十一月二十七日

“营口方面也紧张”

（在营口、西浦，井冢特派员 27 日发）

由于张学良军开始了积极的军事行动，锦州方面的事态呈异常紧张，散在沟帮子河北间的北宁铁路河北支线沿线的沟山、大洼、田庄台等的各部队，从 26 日晨以来共同开始了行动，待在沟帮子的第二十旅的部分之南下。河北支线上，军用列车的运行频繁。我方 O 部看这情势，以防万一，全体队员在异常紧张中。

11 月下旬的某日拂晓，20 名日军从八道壕火车站出发，以护路为名，窜扰大虎山与新立屯之间。经过苇城子时，早已布下埋伏的抗日义勇军第一路军王显廷所部，切断了敌人南跑和北逃的退路后，弹如雨下。

《大阪朝日新闻》号外　昭和六年十一月二十七日

“在大虎山东方，日支两军大激战，达至今日下午 4 时”

（奉天特电加急报27日发）

27日上午10时，在北宁线白旗堡，日本军与敌方装甲列车冲突，交战后击退它。然后打入大虎山东方，与在这一带驻屯的支那军第一百六十四团的一联队冲突，在激战中。（午后4时）

《大阪朝日新闻》号外　昭和六年十一月二十七日

“支那军，终于退却到沟帮子”

（奉天特电27日发）

由于我军在27日午后2时左右开始了攻击，在白旗堡附近的敌方第一线，向大虎山方向开始退却。因我方连续追击，正在向沟帮子方向退却中。据说敌方从天津、北平运送了飞机，可能由于天气太冷没能飞行。

《大阪朝日新闻》号外　昭和六年十二月二日

“本社飞机冒险飞行战线的摄影”

“1日在奉天，长谷川照片部员手记——眼下的大虎山车站，有来往的支那兵。碰上北进的支那装甲列车”

11月27日，日本军与支那军展开了稀有的装甲列车的遭遇战。击退了敌人后，奉关东军的归还命令，暂停进出

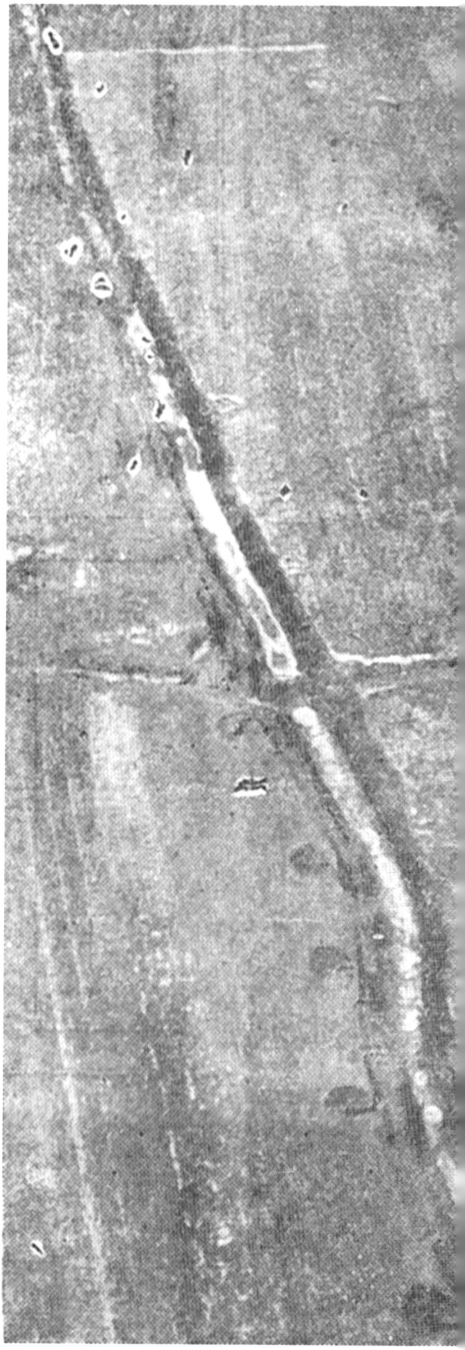

大虎山的中国军队防御阵地。（空中拍摄）

大虎山车站建筑物附近和铁路旁边聚集着中国军队兵士。(空中拍摄)

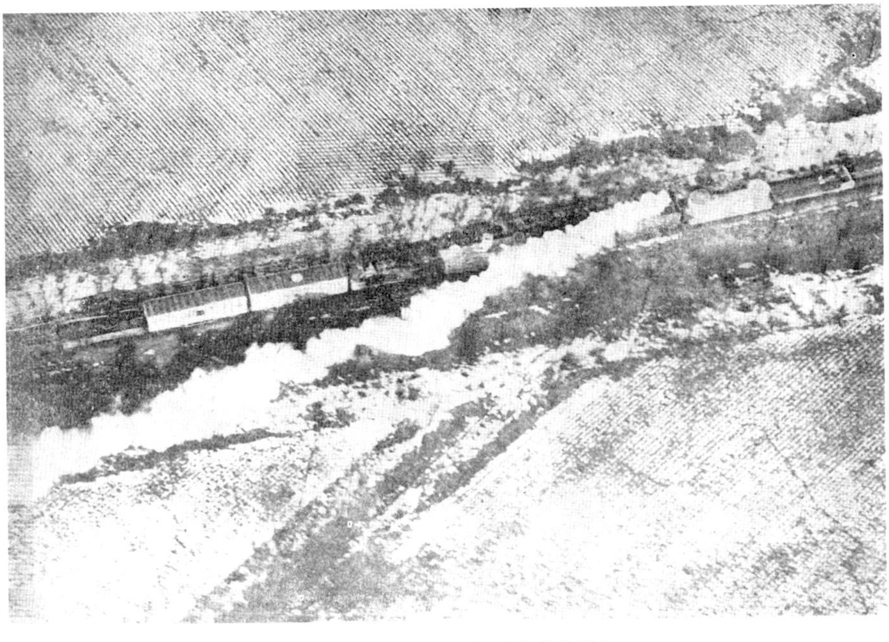

靠近防御阵地的东北军装甲列车正在大虎山附近北进。(空中拍摄)

残留新民县的日本兵欢迎大阪朝日新闻社飞机飞来。

巨流河车站附近。(空中拍摄)

在降雪中，日军装甲列车向巨流河方面出动。

日军电信队在绕阳河附近架线。

11月24日夜，日军在巨流河激战中受伤的官兵，送抵奉天车站。

大虎山，返回北宁线的巨流河、新民、白旗堡一带。

交战不及一小时，义勇军几乎将敌人全歼。日军岂肯善罢甘休，不日，关东军小野亲率本部马、步、炮兵并3辆装甲车，沿大郑铁路线搜索前进。武藤大佐率领部下400多名配合其行动。强敌压境，王显廷临危不惧，他率领一、二支队的1000余人，在中途布阵，对敌人形成了包围圈。三支队从另外方向策应。与敌军交战两个多小时，双方互有伤亡，不分胜负。

《大阪朝日新闻》号外　昭和六年十一月二十七日

"在沿线上布置尖兵，加强防守前进"

"在车中吃红小豆糯米饭祝出阵"

（大泽·平松特派员，27日在新民县发）

在27日拂晓，奉天OOOO队儿玉大队突然接受了出阵命令。午前5时45分，作为先发队，向北宁线OO方向出发。沿线上到处布置了尖兵，拉上铁丝网，加强防守，不让敌人靠近一步，战士们一夜不眠，巩固了警戒线。

以OO大队长为首的全体战士斗志昂扬，战士们在车内吃红豆糯米饭，有的战士抱着日本刀使劲说"用它来战斗"。这一带是与北满不同，到处有枯木树丛多，还有小丘岗，遥望

它警戒敌人出现，大队长与幕僚们在车中打开地图专心致志谈作战计划。在伪装的先发军用列车的诱导下，从OO屯开往了OOO。

《大阪朝日新闻》号外　昭和六年十一月二十七日

“以装甲车打头阵，我军向北宁线前进”

“全军斗志昂扬”

（在新民县本社特派员27日发）

因26日夜，在天津日支交战的消息传来，几日来形势很紧张，根据关东军司令官的命令，为了应锦州方面告急，立即编成装甲车，27日午前5时33分，在奉天站出发，一口气跑北宁线，7时半渡过OOO，8时到达OOO。近几天来，因公安队扰乱，为警备到此的我方OO队，已接受了出动命令，为其准备很忙。

装甲列车的后面，大约隔O小时，有O列车用列车速行，随着我们乘坐列车的前进，士气更加紧张，锦州的防备情况，已特电报道过。靠前方的大凌河，想要进行孤注一掷，决定最后命运的敌方阵地是如要塞般的坚固。消灭暴虐的敌人，我方OO开战的时刻迫近了。

27日上午9时许，日军混成第四旅团先头部队在飞机的配合下，以装甲车开道，向西抵进。日军抵达新民境内的青岗子附近时，耿继周和项青山等部埋伏在铁路两侧的抗日义勇军，将日军当头阻击，击毙多人。东北军滞留在车站附近的中山号装甲车，也投入了战斗。义勇军以装甲车为掩护，奋力抵抗，日军多次进攻，均被打退。这一仗从上午9时接火，一直打到下午3时，义勇军重创敌人后，主动撤出，日军再进入绕阳河车站。下午6时，日军混成第三旅团主力也到达白旗堡。

与此同时，从营口和通辽出发的另外两路日军，也遭到辽南和辽北义勇军的迎头痛击。

西犯突遭挫折，关东军司令部悲哀地做出判断：“如果在大凌河的右

正在通过巨流河铁桥上的列车。（空中拍摄）

在绕阳河附近，日军在军用列车火车头上，用对炮镜观测野炮队。

日本独立守备步兵某大队，在绕阳河附近前线应战。

岸正式打起仗来，将会发生事变以来未尝有过的大会战。”于是，第二天便无可奈何地后撤了。

阻击战初尝胜果，黄显声建议救国会速派得力人员，潜往东北各地，组织和发动义勇军。“则日人疲于奔命，前后受敌。”这样一定会有益于抗日救亡。救国会采纳了他的建议，派遣进步青年车向忱、宋黎、苗可秀等，分赴辽东三角地区、东边道和北满各地。

为了便于指挥和领导，救国会将辽宁地区的义勇军统一了番号，改称“东北民众自卫军”。并按活动的区域和成立的先后，分别加以委任，到1931年底相继委任了24路司令及若干支队，掀起了义勇军浴血厮杀，抗日救国的新高潮。

在绕阳河附近，日军山炮队在炮击。

日军独立守备步兵某大队，在绕阳河展开攻击。

11 月 25 日，在汤岗子车站，日军野炮某联队往列车上装野炮。

用血肉作殊死搏杀

辽河结冰后，辽西义勇军异常活跃，屡屡越过河东出击，有时甚至与活动在沈阳附近的义勇军相呼应。辽北一带的义勇军，也对日军侧背构成了很大威胁。

《大阪朝日新闻》号外　昭和六年十一月二十九日

"向北宁线进出的我军，结束了撤退，因便衣队破坏了铁道路线，带来很大障碍"

（电通奉天28日发）

绕阳河至柳家沟的北宁线，在27日夜间，敌人便衣队破坏了数处。对我军归还奉天的军用列车通行带来很大障碍，满铁保线工人80名与工兵队协作，28日午前10时开始从事复旧工事，到午后4时，勉强完成抢修。这给军队的运输任务带来失常，不能按计划通行，以徒步联络列车与

在绕阳河附近，日军人马用白布伪装进军雪原。

在绕阳河车站附近，站在军用列车上的铃木混成旅团长（图中标“×”者）。

日军到达新民县车站。

日军在新民县车站附近出动。

列车之间。前方列车暂时开进待避线路，给有急事的车让路等。位于最后部的第O列车在午后3时50分归还奉天后，4时50分OO联队，5时10分OO联队，7时10分OO联队后，接着在绕阳河遭到敌装甲列车袭击的铃木OO旅团乘坐的第O列车，搭乘独立守备队的第O列车，前后在午后11时归还奉天，完成了进出在北宁线上的我军全部撤退。

新民县是沈阳以西的第一个城市。日军将其占领后，作为西犯锦州的桥头据点。为了阻止日军西犯，打击敌人的气焰，耿继周决定袭击新民。在派人扮作小贩和艺人先行潜入，摸清敌城防情况后，耿继周兵分四路悄然抵近城下。随着他的一声令下，顿时枪声大作。义勇军高呼着“杀尽日本鬼”的口号，纵马冲入城内，与敌人展开了巷战。翌日晨3时许，因增援日军乘装甲车赶到抢占了有利地形，耿继周才率领队伍撤出新民。义勇军此起彼伏的袭击，成为日军进入辽西的障碍，关东军参谋本部不得不部署兵力，应对义勇军的挑战。

《大阪朝日新闻》号外　昭和六年十一月二十七日

“新民县部队也在天亮时出动，远方原野上隆隆炮声轰鸣”

（在新民县，山田特派员27日发）

前夜有消息传说，支那兵大部队集结于小黄旗堡，要袭击新民县。几天前占据新民县的我方O中队的战士，立即出动警戒该方向，展开了小冲突。今晨4时，突然传来在天津日支两军冲突的报道，同时奉天OO守备队出动，其前后下达了在新民县的战士开往OO方面的出动命令，仍然到达紧张的顶点。接受出动命令的部队，打破夜里的沉寂，集合于领事馆附近，剑光掠影显示不寻常的紧张。恰好当时我军OO机在月光下，向西南方向发出嗡嗡响飞走。听到在遥远方向隆隆炮声在轰鸣。

12月18日，日军经过充分的准备，再次兵分三路，又向辽西进犯。关东军接受了上次的教训，知道此次进犯辽西，“势必引起一场恶战，所以在作战的部署、兵力的充实等方面，尽到了极大的努力。”

第十二路义勇军张海涛部，潜伏在台安县境内的公路两侧，事先将公路破坏，待西进日军载兵车停车处理时，伏兵骤起，枪声大作。日军不知虚实，不敢展开队形，就地稍作抵抗后，狼狈地逃避而去。

尽管日军在思想和兵力上有所准备，并利用空军优势，进行了狂轰滥

日军工兵部队行进在新民县附近。

炸，但在坦克的配合下，于23日晚攻占了田庄向田庄台附近进犯时，遭到义勇军项青山、张海天所部的坚决阻击。

项青山、张海天、蔡宝山、盖香凌等率义勇军3000余人，配合东北军十九旅六五五团铁甲车队反攻，并于26日晚进攻田庄台；日军500余人在左藤联队长指挥下进行顽抗。

日军在正面进攻的同时，又采取包抄战术，派2000名骑兵迂回到左翼，从侧面向项青山义勇军攻击。项青山看穿了敌军围歼的企图，只得撤出田庄台，日军接下来又占领了大洼。当夜，项青山与张海天相配合，以7000兵力突袭田庄台。日军用猛烈的火力网组织了封锁线，妄图坚守待援。义勇军猛打猛冲，从北面突破后，又直插街心，与敌人展开了巷战。双方激战三四小时，义勇军杀敌一二百名，缴获了大量物资后，旋即退出。日军唯恐田庄台再遭受袭击，只得收拢兵力，放弃了大洼。

日军自然不甘心西进的失利，在调兵遣将做了一番准备之后，隔日出动千余骑兵，上有飞机配合，前以装甲车开路，向大洼再行进攻。义勇军第一路英勇抗击中，第一支队被敌包围。支队长率领由120人组成的敢死队，与日军肉搏六个多小时，因弹尽援绝，全部壮烈殉国。

此后，项青山、张海天和第十九旅护路队一起，在营沟线上与日军反复战斗，日军每向前推进一步，都要付出重大伤亡。

日军据此虽然对义勇军有所领教，明知决不可等闲视之，但是不肯轻易放弃西犯锦州的战略设想。

《大阪朝日新闻》号外　昭和七年一月二日

“彻底进行讨伐，愤怒的岩田中佐”

（大石桥长绳特派员 1 日发）

听到本社联络员遇难的报道，独立守备队第 O 大队岩田中佐断言说：不能原谅从事于社会公共事业人员加害的事，一两日内，对于这些蔡宝山一伙的匪贼进行大讨伐，不让留下一兵一卒。在大石桥的轻爆队也参加这个行动，空陆相应，彻底扫荡匪贼，消除该地区的不安。

号外点名的蔡宝山，原名蔡金义，又名蔡济民，大洼县人。少年时期家境贫苦，使他走上了绿林，加入了他表姐夫于大川的绺子，当上“二拦把”。因为其身材短小，在家排行最小，所以人们都称他为“蔡小疙”或“老疙瘩”。蔡宝山投入于大川不久，于大川被东北军打死。蔡宝山因其仗义、勇敢、胆识过人而被推为首领。他所领导的队伍，活动在驾掌寺一带，他们杀富济贫，为民除害，从不骚扰百姓。

九一八事变后，蔡宝山与项青山、张海天联合组成“讨日扶民救国军”，活动于驾掌寺一带，经常出其不意地打击日寇。12 月，在北平的东北民众抗日救国会，将活动在盘山地区的抗日队伍，命名为东北义勇军的三个路军，即一、二、三路军。蔡宝山任第二军区第十一路军司令。队伍以驾掌寺为中心，活动在盘山、海城、营口一带，重创日军。

12 月下旬，日军为图谋锦州，再次发动对辽西的进攻。日本关东军等共四万余人沿北宁、大通、营沟三条铁路向锦州进攻，战线扩展面达千余里。

当时驻锦州的东北军派出一部分兵力在大洼、白旗堡、彰武等前沿阵地驻守待命。辽南、辽西的各部义勇军则全力投入了阻击日军的战斗。

12月21日，日军主力部队第二师团从营口出发渡辽河西进，向田庄台一带进犯。23日，在田庄台车站东南的魏家沟与义勇军项青山部激战。项青山部拼力还击日军，使日军步兵正面进攻失利。不久，日军500余骑兵绕至铁道左侧侧面进攻，援助其正面步兵前进。项青山部恐被包围，退至田庄台车站。日军援兵又由马坨子渡河北进，到达田庄台附近。携野炮20余门，向田庄台猛烈轰击，商民房屋大部分被毁，义勇军伤亡500余人，百姓伤亡不计其数。血战两昼夜，终于因弹药缺乏，敌众我寡，项青山部被迫退守大洼，田庄台被日军占领。

日军占领田庄台以后，又于1931年12月25日向大洼发动进攻。当日，日军飞机3架次飞至大洼车站，掷弹20余枚，炸毁铁路一段，致使前方的东北军两辆铁甲车一时无法驶回，并有一队日军向铁甲车攻击。东北军派步兵两个连、骑兵两个连，携迫击炮多门，赶往支援，打退日军，并掩护铁路工人赶修被毁铁路，东北军铁甲车才得以驶回。

26日正午，日军飞机两架在大洼火车站附近投炸弹8枚，炸毁602次客车1辆，炸死巡警1人。

27日8时半，日军一个步兵连配备平射炮，在飞机掩护下又向大洼发动进攻，被大洼守军击退。9时以后日军再次发动进攻，这时张海天、项青山两部义勇军600余人投入反击战斗，与日军展开浴血厮杀，终将日军击退。

28日12时，日军的300余名步兵，向大洼火车站东北军铁甲车左翼进攻。12时半，又有日军骑兵300余名，冲至大洼车站北扬旗外六七里处，向铁甲车射击。东北军铁甲车恐被围，撤到大洼车站北扬旗外。日军装有机枪平射炮的装甲车10辆加入战斗，后面备有载军火和步兵的载重汽车二三十辆，进至大洼南5公里处，开始向东北军铁甲车射击。飞机两架在上空投炸弹数十枚。下午1时，续来的日军步骑兵700余人，飞机4架，向东北军和义勇军取包围之势。

驻大洼中国守军和张海天、项青山两部义勇军顽强战斗，进退数次，击毙日军170多人，俘10人，获枪支10多支。东北军死伤也较为惨重。

下午5时，田庄台方面日军50多名，驱赶农民100余人，荷无弹枪支，两人为一列，向大洼方向进攻。同时，日军飞机在沟营线的田家坟附近投下很多炸弹，意在断东北军铁甲车归路。该处铁轨被毁，东北军铁甲车也被炸。

当晚，日军以步、炮、骑兵联队，向大洼猛攻，东北军"中山号"铁甲车被掳。因火力不足，力战不支，东北军和义勇军遂撤出大洼向盘山退去，大洼失守。

12月28日夜，大洼失守之后，张海天、项青山两部义勇军及东北军共3000余人乘虚袭击田庄台，迫使日军放弃大洼，回救田庄台，大洼又被义勇军收复。

《大阪朝日新闻》号外　昭和七年一月二日

"大久保一等兵遗骨，到达河北"

（河北井上特派员1日发）

在盘山战斗中，光荣牺牲的若松步兵OO联队第O中队大久保一等兵的遗骨，在31日午后11时半到达河北。该一等兵是在盘山南方双台子附近，骑马与本队联络当中被便衣队包围，奋战中被敌人射击光荣牺牲的。

28日，日军进犯盘山县时，在城外与中国守军发生了激烈的混战。闻讯而至的千余名义勇军，自动投入了战斗，协助守城部队多次击退日军进攻。迫使其只好暂停北犯，坐等增援部队和轰炸飞行中队到达时，再做推进的打算。

《大阪朝日新闻》号外配发了双台子河畔的东北军战壕照片。

此中经过，于当时往返电文所述，即可概见张学良的想法一斑。

张氏宥电：“南京国民政府主席钧鉴：北路则进攻法库以窥彰武，经我保安队及援军竭力抵御，死伤甚多，不得已退出法库。南路则由营口攻取田庄台，我甲车与日甲车正激烈冲突中，日方遽增多数骑兵，向我甲车两侧猛攻，经我方竭力奋斗，并增兵应援，激战甚久，伤亡甚多，田庄台镇卒被日方占领。当时我军犹屯集车站，力图恢复。中路沿北宁干线，虽尚未积极前进，然集中新民之军队约在一个师团以上。另外驻屯沈阳各处，以备随时应援的为数尤众。情势迫切，良已迭命前方各部队严加防范。斯时，我以东北一隅之兵，敌强邻全国之力，强弱之势相差悬绝，无论如何振奋亦必无侥幸之理。”

不料，义勇军正在浴血奋战时，张学良屈于南京政府的压力，东北军各部突然接到撤退入关的命令。

不是说守土有责吗，不是讲养兵千日，用兵一时吗？这就是当日南京政府对请愿民众的回应。

《大阪朝日新闻》号外　昭和七年一月二日

“退却军开往昌黎”

（联合天津 1 日发）

打头退却的第十二旅，在 31 日到滦州，炮兵队到昌黎，十九旅、二十旅也陆续到达。参谋长荣臻，预定 1 日到达滦州。

《大阪朝日新闻》号外　昭和七年一月四日

“敌军伤兵一千名，送往关内”

“在盘山，沟帮子战斗中，第十九旅几乎全灭”

（联合天津 3 日发）

在盘山，沟帮子方面的激战，敌军第十九旅几乎濒于全灭，靠别动队

的援助，残存部队勉强地退却了满洲，2日从锦州大约1000名伤员，乘两辆列车输送进了关内。

29日，日军大兵压境，东北军正规部队撤防，义勇军一面与敌拼杀，一面掩护装备优良的正规部队撤防，撤到坚门厚墙的天下第一关里去。

此刻，陷入了孤军奋战境地的义勇军，是古风淳厚的东北子弟，他们无暇去抱怨、去责难，分别开赴沈山、营沟，打通三条铁路沿线，对敌正面阻击，或侧翼骚扰，或背后牵制，继续着殊死的搏杀。

30日晨，日军乘铁甲车、兵车、载重车由沈阳和新民两地分头出发，在飞机的掩护下，沿北宁路西侵。耿继周侦知敌情，将铁路路轨破坏多处，迫使日军修修补补，走走停停，行军速度大为减慢。待行至白旗堡附

日军正在炮击退却盘山的东北军。(空中摄影)

双台子河畔的东北军战壕。

12月31日，沟帮子车站起战火。

近，耿继周率领埋伏的义勇军，犹如从天而降，迎头痛击，打得日军晕头转向，不知所措。欲想夺取来路回逃时，耿继周早已派出骑兵，先行绕至敌后，炸毁了铁路桥，将其归路断绝。

《大阪朝日新闻》号外　昭和七年一月二日

“本社联络员与司机被匪兵射杀，遗体被烧掉”

（在营口、竹内、泽村、山本、井上各特派员1日发）

由于本社特派员去向不明，各方人士很忧虑、关心。根据本社特派员调查结果，30日午前9时左右，在小房身，以蔡宝山、北平两头目的部下三百几十名，听到摩托车的响声，在马路当中横放二三辆车等待。摩托车不得已停车，马上开枪，伊藤司机当场死亡。油井联络员在足部贯通枪伤，倒地。伊藤司机的遗体被当场用高粱秆烧掉，受重伤的油井联络员及摩托车被运到兵匪根据地驾掌寺。盘问油井氏日本军队的行动、田庄台的警备情况等，因太痛苦，油井氏连喊

“杀死我吧”。在31日午前10时被枪毙，也被烧掉。可是无一个物证，有的被掠夺，有的被烧掉的样子。以上的情报是田庄台的富冈刑事会见敌人小头目详细了解的。另外驾掌寺根据地有强力的敌人，难于靠近，不好取得证据。

12月30日，在大虎山北面，日军铁道联队正在修理中国军队退却时爆破的桥梁。

敌军被迫仓促应战，退至白旗堡车站。待夜深时分，耿继周派出的一支精兵，借助夜幕的掩护，又进行了突然偷袭。日本守备队只得

12月30日，占领白旗堡的日本装甲列车。

一面拼死抵抗，一面发出信号求救。待援军赶到时，义勇军已夺得大批战利品胜利归回了。

《大阪朝日新闻》号外　昭和七年一月二日

"要慰劳值得尊敬的牺牲者灵魂——森司令官谈"

(奉天特电1日发)

森司令官对油井本社特派员遇难发表谈话：我衷心向事变后新闻通讯社最初的牺牲者油井、伊藤两君遇难表示哀悼。我们一直在希望新闻通讯者站在第一线做实际的报道。《朝日新闻》的各位，完成任务很好，但是终于出现了牺牲者。对这位值得尊敬的牺牲者，作为军部尽力寻找遗体进行吊唁。我担心的是由于这事件影响新闻通讯人员的士气，但是相信今后更加奋斗才是对死者最好的安慰。

白旗堡车站。(空中拍摄)

面对义勇军击毙侵略者的胜果，关东军无可奈何的同时，担心死亡影响到战局，只好借故吊唁，为下一步战况的发展招魂。

《大阪朝日新闻》号外　昭和七年一月二日

“最先进入沟帮子的是多门O团的骑兵队，不知情况的其他部队，互相竞争”

（沟帮子高桥特派员31日发）

30日在盘山宿营的多门O团，原预定滞在当地，同日晨决定紧急出动。在午前6时40分开始向盘山方向出动。正午到达了过羊肠河的地点。这时看到，头一天由盘山撤出的支那军装甲列车爆破了羊肠河铁桥。在满铁修理班列车的支援下，向盘山方向出发的我军装甲列车勉强渡过桥。记者想最先进入沟帮子，与翻译人员一直又跑2公里，才赶上乘坐因路线故障停止的列车。本列车原来是支那军的，在田庄台的战斗中，屡次爆炸营口水源地，被本社酒井机发现，28日被我军捕获，反倒为日军使用，O兵第OO队的佐野佐尉当了炮车长。因此与正规的日军装甲车不同，没有上盖也没有枪眼，只是敞篷车上装大炮的。

大阪朝日新闻社联络员油井氏（右）生前与夫人添田氏等人合影。在三年前，他在满铁本线四平街的添田泽三氏经营之日光洋行工作。

义勇军针对日军大部队正规作战、目标大、行动不便的情况，发挥熟悉地理环境的优势，采取了小部队游击的战术，机动出击，攻敌不备，使日军顾此失彼，不敢贸然突进。加之义勇军不断破坏敌人的通信和交通线，扰乱了日军的进攻阵势，迫使其整个部队的行动明显缓慢下来。

31日，日军在飞机、坦克配合下，大举进攻沟帮子，中国守军不但兵力单薄，而且武器陈旧，子弹严重不足。在日军飞机、重炮轰击下，守军突围退到石山站，沟帮子于晚间落入敌手。沟帮子既失，锦州东大门洞开。在彻底失去东北军的支持之后，义勇军进入单独抗日的新时期。张海天、项青山等率队伍回到敌后，以台安高力房子为中心，向日伪军发起猛烈进攻，为民族求生存，为民族争自由，继续浴血奋战。在田庄台、大洼、盘山保卫战中，张海天、项青山两部义勇军猛打猛冲，拖延了敌人占领锦州的时间，显示了顽强的战斗精神。义勇军对日寇的持续打击，对日本关东军震动很大，盘山义勇军也成为关东军重要的“围剿”对象。

《大阪朝日新闻》号外　昭和七年一月二日

“以刺刀代替菜刀，料理鸡和猪”

“阵中的若松部队，没有稳定休息就开始进攻”

（在沟帮子大泽特派员1日发）

在沟帮子附近的阵中，迎接元旦的多门师团长（中）和上野参谋长（左）。

开出田庄台以来，在我多门O师团司令部的最前线活动的若松部队，与到处隐藏着、有时突然开始射击的锦州军正规部队，兵匪相交的土匪大集团对立，经常在死线上，以沉着而敏捷、勇敢的进攻，打退敌人。作为徒步行军的

12月30日，日军列车从盘山车站开往家窝棚车站。

12月31日，日军装甲列车在青堆子附近的铁桥上行进。

多门部队的急先锋，与后方部队保持联系占领了盘山。然后，31 日午后零时 50 分占领沟帮子等取得了惊人的战功。

日本只过新年，没有春节。日本人互送礼物，繁文缛节层出不穷。"人无礼，不相见也。"沟帮子失守，日军从三面包围而上，直逼锦州，成为日军新年的贺礼。

《大阪朝日新闻》号外　昭和七年一月二日

"通过电波，日满之间交欢，以新年好开播的元旦广播"

（奉天特电 1 日发）

从元旦的午后 1 时 20 分起，开始了日满收音机交欢广播。

首先奉天方面的本庄司令官、三宅参谋长、奉天省政府于冲汉氏，每人做五分钟的讲话。从东京过来了荒木陆相的很有力的男低音声，大家专

在青堆子附近，修理遭到破坏铁桥的联队和渡冰过河的队伍。

心听长达 20 分钟的陆相对将卒及在满同胞的慰问。接着从大阪广播，本社副社长下村氏的饱满精神的声音，听得很清楚。他说听到本庄司令官、三宅参谋长、于冲汉氏的谈话，感到很高兴，我在这里祝在满将卒及同胞们的健康。广播在午后 2 时 10 分，在大成功里结束了。

本庄司令官、三宅参谋长、奉天省政府于冲汉氏每人五分钟的讲话，不得而知；荒木贞夫的 20 分钟讲话，至今也没查到，但他的所作所为却不难了解。荒木贞夫出生于有武士传统的家庭。“十月事件”之后，担任内阁陆相的荒木贞夫极力推动日军不断扩大对华侵略范围。九一八事变时，他叫嚣要退出“国联”，而一·二八事变爆发后更是屡次促成对华增兵。

日本投降后，远东国际军事法庭的判决书对荒木的判决：“对内从事政治支配和对外从事军事侵略之陆军的热心提倡者。他在实际上是，并且被承认是陆军侵略活动的显著指导者之一……不管他在有无政治地位的时

候，他都协助和极力倡导牺牲邻国来富裕日本的军部政策。他不仅同意并积极支持日本陆军在满洲和热河地区所采取的政策，即使上述地区在政治上脱离中国，设立由日本控制的政府，并将其经济置于日本的完全支配之下。”荒木贞夫成为首名被起诉的甲级战犯。在定罪量刑时，以一票之差侥幸逃过了绞刑，被判“无期徒刑”，在巢鸭监狱待了八年。1955 年，因健康原因被释放。1966 年 11 月 2 日，荒木在奈良县十津村进行反共演讲时，因病猝死，终年 89 岁。

九一八事变后，许多东北军政大员卖国求荣，屈膝降日。号外报道中点到的于冲汉，早年留学日本，从日俄战争开始，就在东北收罗情报，被日本天皇授予二等宝瑞勋章。于冲汉在担任张作霖的外交顾问时，盗卖国土，日本如愿夺得鞍山地区八个矿区的开采权。

1928 年，他任东三省保安总司令部参议。在张作霖手下，于冲汉在王永江死后和袁金铠被合称为奉天文治派的双璧。张学良接替其父张作霖的位置后，疏远旧派势力，故于冲汉的政治影响力渐失。九一八事变后，于冲汉投靠日本，沦为汉奸，宣传伪满洲国建国理念。1932 年 3 月，伪满洲国成立，任伪监察院院长。同年 11 月，于冲汉在大连病死。

日军占领沟帮子后，悬挂太阳旗。

《大阪朝日新闻》号外　昭和七年一月二日

“讨伐锦州军，请建筑乐土”

“在东北三千万民众联名恳求本庄司令官”

（奉天特电 1 日发）

奉天省民在 1 日进行讨伐匪贼的

12 月 31 日，日军占领沟帮子车站。日军从三面包围而上，直逼锦州。

元旦时，日军某队遥拜东方，三呼万岁进入沟帮子。

号外解说词："欢迎我军的沟帮子支那老百姓。"

示威运动，同时以奉天省全民众的名义，对本庄司令官恳求。其内容是由于张学良的暴行，全省人民很怨恨，希望日本人以正义人道之军，讨伐扰乱东北治安的锦州政府，扫荡辽西的兵匪，在山海关以东建立乐土。

《大阪朝日新闻》号外
昭和七年一月二日

"主力放滦州，企图收回颓败，张学良的大方针，以凌河作为日支两军境界"

（天津特电 1 日发）

张学良只把第十二旅的一团留下锦州，其他全部撤退了关内。立了以滦州为中心，收回颓势，以凌河作为日军的境界，今后在东三省的日支间的谈判，全通过外交交涉进行的方针。据说本方针是英国公使朗布逊氏的建议。

此时，因"国联"调停，锦州已被划为中立区。东北军的正规部队的作战防线，划在了远离锦州的大凌河沿岸，犹如隔岸观火。而辽西重镇新民已经沦陷，大凌河以东的义勇军和民团成为肩负守土御敌重任的生力军。黄显声命令项青山、耿继周等部义勇军，配合北宁路沿线的东北军和公安总队，伺机破敌。

大门，在这灾难深重一年的最后一天夜色中，已呈洞开之势。

踏着御侮热血占据锦州

1932年的第一天，日军发起了对锦州的总攻。锦州守军在黄显声的率领下，与日军在锦州附近展开了激烈的战斗。这次日军投入3个师团、4万之众的兵力。当时，担负维持锦州治安并防守大凌河岸任务的，仅所属的3个公安骑兵总队，且饷弹接济毫无来源。敌人曾几次向黄显声诱降，均遭到严厉的斥责："守土有责，决不退让。"

《大阪朝日新闻》号外　昭和七年一月二日

（石山车站桥本特派员1日发）

属于多门师团管下的嘉村O团，1日早晨在灿烂的元旦旭光照耀下，开始了大凌河进行的行动。排列OO辆的中岛大佐大货车队，在午前9时

日军嘉村某团的先头部队进入石山站。

进入石山车站的日军装甲车。

日军占领沟帮子车站后，运行的装甲轨道车。

日军中岛分支队卡车，开往石山站。

向石山站行进的日军骑兵队。

出发沟帮子，沿着北宁线的北方路开往大凌河。另一方OO队的OO兵OO名，沿着铁道西进，装甲列车队，以O台装甲车打头阵。距羊圈子1公里的地点，发现大约1000名敌兵在北方高台，展开壮烈的战斗，敌人受到我军攻击后，一会儿也支持不了，败走于西方大凌河方向，我装甲列车追击它。在午前11时占领了石山车站。

日军为进攻锦州，先头部队骑、炮兵各有一队冲近大凌河畔。日军在炮火掩护下，强渡大凌河，最先渡河的7人被擒获。黄显声的公安骑兵总队和义勇军耿继周部拼死阻敌，与日军展开了3个多小时短兵相接的肉搏战。战至天黑，东北军因无重武器，难以固守，遂向锦州城内渐渐退守。返回城内时，已经深夜。凌晨2时，日军开始攻城。

《大阪朝日新闻》号外　昭和七年一月二日

（河北、山本特派员1日发）

据1日午后11时半到达河北的情报，嘉村O团1日午后3时到达大凌河，接着多门O团的主力也陆续到达，在黄昏之前，这些主力部队全部渡过了大凌河，向锦州前进中。

《大阪朝日新闻》号外　昭和七年一月四日

"有休息室及睡床的永久性，牢固的大凌河阵地"

（在大凌河铁桥　桥本特派员2日发）

装甲列车在午前11时20分，渡过了坚固阵地大凌河的铁桥。超过1000米长的大河，完全结冰，如铁一般结实。重炮也完全可以冰上运走。各部落都受到支那军的掠夺，无家可归的难民们，奔走我军驻屯的石山站，形成长蛇队伍，慢慢行走。

《大阪朝日新闻》号外　昭和七年一月四日

"入城的两位将军欢喜，室中将谈：我军不战而获胜是兵法的至上"

（在锦州3日高桥　桥本特派员发）

入城锦州的室O团长在天泰台司令部发表谈话：

我军在锦州郊外，几乎没损失一兵，成功扫荡匪兵，入锦州城，其成果当然是由于我军顽强不屈的战斗意志，更重要的是应该说天皇陛下的威望之成果。只能感慨无比，孙子曰"不战而胜为兵法之至上"，我军正是用此兵法之至上，实在是愉快万分。借此机会再向全国人民莫大的支援表示感谢。

日军向锦州发起了疯狂进攻。3日凌晨4时，熊飞命令炸毁女儿河铁桥，掩护省政府人员向锦西方向撤退。当地各县抗日团体和抗日民众一致电请张学良速与支援，与日军决一死战，但他已无力挽回局势。午后，守军和义勇军在大凌河两岸与日军进行了最后的决战。由于大势已去，孤军无援，黄显声只得含着悲怆和怨恨，被迫做出了撤离的决定，将军队撤入关内，驻扎在河北滦州。

将要横渡大凌河的日军装甲车。

1月1日，日军和装甲列车从沟帮子附近向锦州进军。

室将军画的马。

1月1日，日军骑兵OO大队向石山站行进。

日军野炮队进入锦州城。

《大阪朝日新闻》号外　昭和七年一月四日

“支那求于联合国，联合国开始行动”

“关于占领锦州，布议长询问各国的态度”

（电通巴黎2日发）

联合国支那代表部，根据日军占领锦州之消息，及时向联合国理事会报告事态，而要求实行对策。理事会议长布里安氏，及时与各国交涉，询问了各国对日本占领锦州一事的态度。

锦州入城的室团长。

“调停”“制裁”已是空话，此刻，“国联”鸦雀无声，无言作答。不曾支援过一兵一卒、一枪一弹、一文一钱的南京政府，却有一纸回电：“坚贞奋斗，为国争光，殊堪嘉许。”南京政府也知奋斗，知争光，知嘉许，却不知不抵抗的政策使山河沦陷，生灵涂炭。

但义勇军却御敌不休，大约晚间10时许，第一路王显廷与第二路项青山部，联合袭击了大虎山的守敌。两支部队从南北两面出击，以迅雷不及掩耳的动作冲进车站，向大部宿营在车厢里的日军猛烈开火。猝不及防的日军，在慌乱之中被打得四处逃窜。跳下车厢的大多被击毙，余者以路基和车身为掩体，负隅顽抗。战斗相持3个小时后，义勇军见已达到预期目的，遂主动撤出。

《大阪朝日新闻》号外　昭和七年一月二日

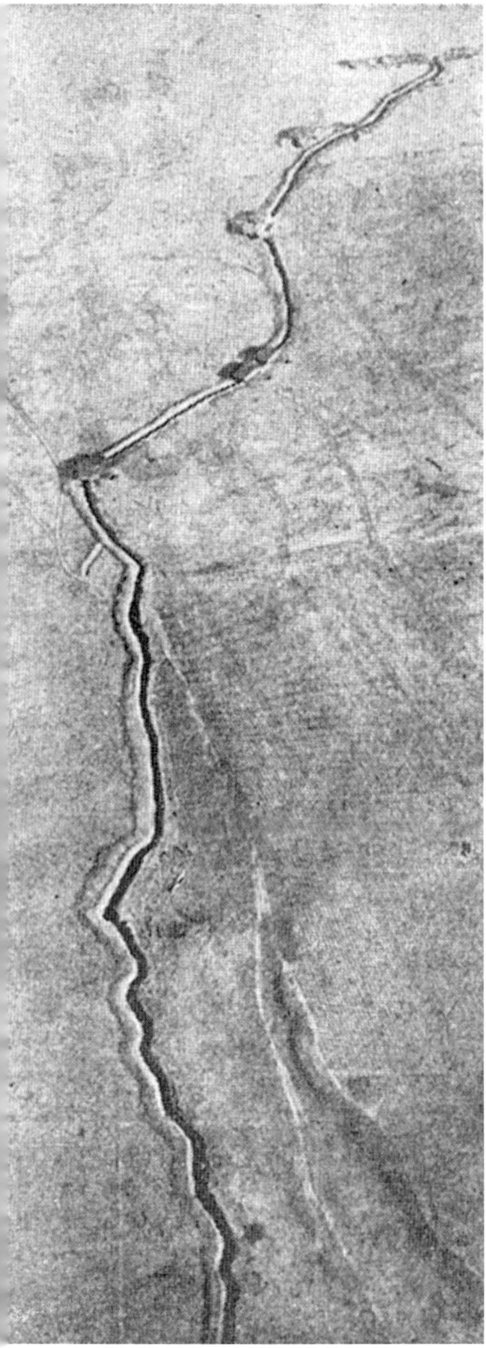
设在大凌河畔的中国军队战壕。

(奉天特电 1 日发)

"敌军当退却之际，破坏了大凌河车站"

大凌河的敌军，当退却之际，破坏了大凌河南岸的大凌河车站，但是大凌河铁桥没遭受破坏。以锦州为中心长达六里，左一层右一层构筑的敌人阵地无兵匪之影。遭到破坏的大凌河车站铁路修复不太难。我军将在 2 日、迟则 3 日进入锦州。

《大阪朝日新闻》号外　昭和七年一月四日

"蜿蜒如长蛇，长达六里的战壕，围绕锦州四层的要塞，敌人惊慌失措总退却"

(在锦州 3 日大泽特派员发)

在沟帮子代多门 O 团，作为往锦州的总监司令部前进的室 O 团，3 日晨，堂堂入城锦州。天气晴朗，但是刮烈风，满天是黄尘的旋风。大凌河的结冰上，覆盖了尘土，令人惊心。渡过铁桥看，靠锦州侧的河岸上用带树皮的圆木头搭起来的掩兵壕、散兵壕、野炮阵地等，筑成了如长蛇的战壕，蜿蜒长达六里。在这附近无战斗的痕迹。敌军看我军追击太狠，惊慌逃跑。

1932年1月3日，日军踏着中国军民御侮的热血，占领了锦州。

几天之内，锦西、兴城、绥中等县相继沦陷，辽西地区开始被日军的铁蹄肆意践踏。

遍布点燃的烽火

《大阪朝日新闻》号外　昭和七年一月三日

“我军威风凛凛入城锦州的大壮观”

“在室师团长总指挥下，全军士气昂扬进城内。首先在城外聚集一起，陆军机快翔市上空，市民挂日本旗大欢迎”

（锦州特电3日发）

决定在3日入城锦州的室第OO师团的领头部队之装甲车队及汽车队，在3日午前9时开始入城锦州市内，马上就位城内的警备。如此城内外的警备完成后，聚集在锦州东方一里百冠屯的第OO师团主力部队，在室师团长嘉村旅团长率领之下，向锦州城前进，步伐堂堂地前进，当天10时至正午结束了入城。

大阪朝日新闻社特派员举着社旗进入锦州城。

日军占领锦州，引燃了辽西人民仇恨的火把，出现了很多支自发的抗日队伍。很快，辽西的义勇军多达二十几路。平川、山岭、苇

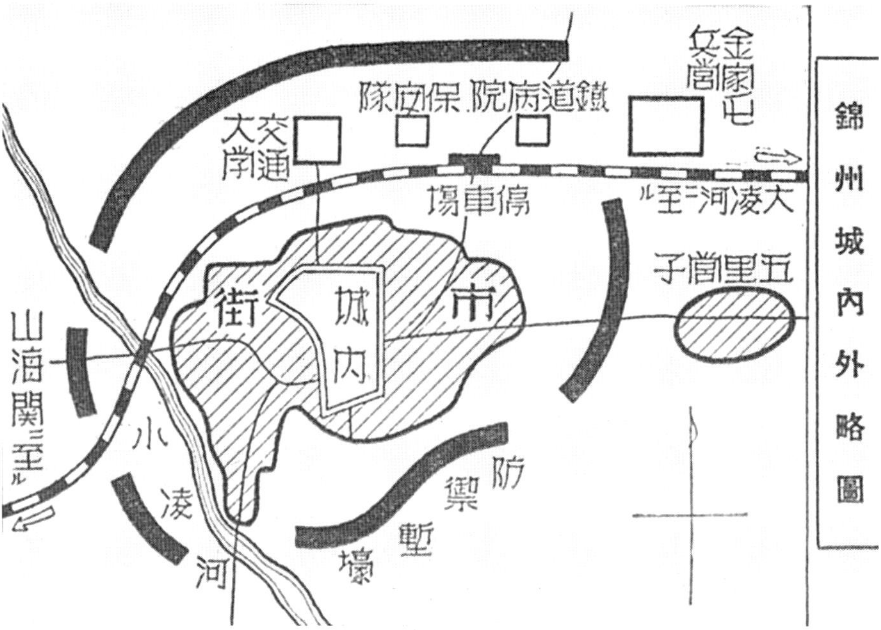

锦州城内外示意图。

1月3日，日军占领锦州公安局。

1月3日，日军骑兵某队进入锦州城。

1月1日，日军地面人员在向活跃着的飞机欢呼。

1月1日，日军嘉村少将（记号×）在沟帮子车站，准备率部开往锦州。

依田某团士兵举着军旗乘车入城。

塘、村落……都有复仇的正义子弹，向侵略者射去。攻城、打车站、拆铁轨、袭军车，纵深辽阔的千里土地，遍燃着抗日的烽火。

日军在进犯锦州的过程中，已经领教了义勇军的厉害，深知无论是要稳住阵脚，还是想以图进取，扩大战果，都必须利用国民党当局的不抵抗政策，凭借武力扼杀这支不可轻视的力量。

《大阪朝日新闻》第二号外
昭和七年一月三日

（锦州特电 3 日发）

入城锦州的第OO师团装甲

1 月 3 日午前 7 时，日军骑兵队进入锦州城。

日军卡车队开入锦州城。

这就是号外标榜的“我军进入锦州城，百姓喜悦”。

日军占领锦州后，号外说："每户挂上太阳旗。"

列车，奉室师团长的命令，为了确保锦州的安宁，乘载相当数的部队，进入了锦州南方60公里的连山车站，承当警备任务。

锦州失守，耿继周率本部第四路义勇军衔恨连夜归返新民附近，决定仍按黄显声原来的部署，趁敌换防之隙，再袭新民县，还敌人以颜色。

4日晚7时许，耿继周亲率五百精兵，冲破敌人火力封锁，杀入城内，猛攻日本宪兵驻地。城郊其他小股抗日武装，闻知义勇军攻打县城，纷纷赶来助战。伪公安队激于民族义愤，也掉转了枪口。一时间，城内枪声大作，火光熊熊。到晚9时许，义勇军的兵力已增至2000多人。先后攻下了日领署、电话局、广济医院和日本人住宅区，放火烧毁了日本人开设的当铺、商号、洋行和公司。还砸开监狱，解救了230多名被敌人关押的爱国者。直到天亮时分，日军组织起了有效的兵力反扑，义勇军才携带着缴获的战利品撤出县城。

日本侵略军在占据锦州之前，就得悉中国正规军队已奉命撤到关内，所以在攻占了锦州的当日午后1时，便以义勇军为主要攻击目标，进行军事部署，下达了以消灭各地义勇军为任务的命令。

按此部署，骑兵第二十七联队长古贺传太郎中佐人未离鞍，率领200余名日军，马不停蹄地继续向锦西进犯。这支被称为“皇军的骄傲”的部队，果如吹嘘的那样，几乎没有遇到任何抵抗，挟着刚刚占领锦州的威风，于6日抵达锦西县。毫无民族气节的锦西县县长张国栋开城投降。

《大阪朝日新闻》号外　昭和七年一月三日

“从机上散布告文；山海关东是我们的乐园，充满否极泰来的气氛”

（奉天特电3日发）

终于来到今天，我军意气昂扬，步伐堂堂，入城了锦州。在此之前，陆军飞机OO架，快翔锦州上空，从空中散布了数万张宣传单，其内容是：“日本军遵守正义，实行王道”，“从今日起，维持好治安，不必担心”，“辽西一带从今日起，变成天下的乐园”等。在地上，全市到处墙上，迅速贴上“日本军打倒了暴行无比、天人之敌人东北军宪。即便日本军已来到，已经不用担忧，全体东北民众必须各自慎重自爱，不用忧虑，安居乐业”为内容、有500字的本庄关东军司令官严肃的布告文。每户市民挂日本旗迎接我军，充满了一阳来复的喜庆气氛。市内无一支那兵人影，支那兵全部退却到滦州方面。当天多门O团长在沟帮子，在锦州以北的地方配备兵力，以防万一；森独立守备队司令官在奉天严守满铁沿线各地。

日军占领沈阳继而又攻陷辽西各地后，锦西的绿林豪杰亮山和民团西五会群情激愤，连夜召开会议，议定成立抗日大队，推举亮山为大队长，下分五个中队。采取诱敌深入的战术，将日军聚而歼之，打掉侵略者嚣张的气焰，报仇雪恨。

就在古贺决定天明时就出城“讨伐”的当晚，亮山率领数百人马，暗渡女儿河，逼近了县城。潜入城中的义勇军，强迫伪县政府打开监狱大

1月3日，日军装甲列车到达锦州车站。

在依田OO带领下，日军进入锦州城，高呼万岁。×号是依田少将。

门，释放了被关押的“囚犯”。当日军得知消息赶来时，义勇军已经安全地撤离了。

被杀了个下马威的古贺，布置粮秣队回锦州领取弹药，留下一个小队守护在城内。他率领配备了轻重机枪的近 80 名骑兵和步兵，出城西征讨。这时，义勇军早已在夜里设下了埋伏，为侵略者掘好了坟墓。日军出城不到 10 里地，就被 2000 多名义勇军战士团团围住。这时，警戒兵向古贺报告，锦西遭到五六百骑兵的袭击。古贺决定立即回撤救援。

西园子村距西城仅有一里路程，是出入城的必经之路。中午时分，披着黄大衣的古贺和残兵败将走近时，亮山跃身而起，一声令下，日军纷纷落马，古贺夺路向靠近公路的东炮楼逃去。埋伏在里面的 12 名义勇军战士，居高临下，以猛烈的火力封锁住了公路，古贺也被击中落在马下，当场毙命。成为抗日武装教训侵略者的祭奠品。

另一支去锦州领取弹药的粮秣队，跟给他们下达命令的古贺一样，离县城还有 30 公里时，也遭到民团的伏击，全军覆没。

日本侵略者做梦也没想到，被他们誉为战无不胜的古贺联队，竟被锦西地区的义勇军歼灭，然而这毕竟是事实。关东军只得哀叹地承认，“实在是满洲事变以来最大的悲惨事件。”

日军在古贺等被歼地采取了疯狂的报复，他们屠杀无辜居民，烧毁民房，制造了惨绝人寰的惨案，但敌人的凶残不仅没有使义勇军屈服，反而激起他们以百倍的仇恨，伺机杀敌。

如果你来到锦西，人们会指着歼击古贺地点的标示碑，向你讲述当年义勇军斗争的故事。

《大阪朝日新闻》号外　昭和七年一月四日

“扰乱治安者，视为良民的仇敌——本庄司令官的《安民布告》”

（联合锦州 2 日发）

在 2 日午后 2 时嘉村 OO 旅团的主力山县 O 队入城锦州的同时，以

本庄关东司令官的名义，向全市贴出了如下内容的《安民布告》：大日本帝国军队征伐了辽宁省政权，吉林、黑龙江两省各铁路沿线主要地方已归我占领。现在我军掌握指导地位，让辽宁境内的官吏完全施行民政。省属各县政府职员，应领会本趣旨，暂且按照旧规则，诚恳办理县政，维持治安，希望做到万无一失。如有违背者，毫不留情严加指责。各县商人回归各自的业务，如有破坏秩序、放谣言、企图扰乱者，我军认为是良民的仇敌，严加征伐。各官民必须一律遵守。恐怕还有未周知者，特此公告。

日军占领锦州之后，虽然四处“讨伐”，滥施淫威，以期依靠武力稳住阵脚，但讨来伐去，原有的没待消灭，在绥中、兴城一带又异军突起了一支由“天狗司令”率领的义勇军。郑桂林取民间流传的“天狗吃日头”的神话故事，自号“天狗”，以示同日本侵略者不共戴天的志向。

《大阪朝日新闻》号外　昭和七年一月二日

“在北宁线，陆续运送”

（奉天特电 1 日发）

独立飞行队第 O 中队向野中尉及德田少尉，1 日午后，通过锦州远飞绥中，调查锦州军的退却情况。其结果，目击了锦州军以北宁线的最大能力使战士西进，从午后 2 时至 2 时 35 分之间，在锦州至绥中之间，至少运送 1 万以上的战士。即：午后 2 时，在绥中和东新庄车站（绥中的东方 10 公里）之间，30 辆连接的有盖、无盖列车；午后 2 时 20 分，在连山有 28 辆连接的满载兵员的列车；午后 2 时 35 分，在女儿河附近各 30 辆连接，满载兵员的 5 个列车集团运行，都在西进中。在同时刻，高桥车站停放 30 辆的空列车，看到在附近有二三千步兵集中，要乘坐该列车。在女儿河附近也有步兵二三千、骑兵四百在集合，还在乘坐列车中。以上的总兵力，合一起该有 1 万以上。

郑桂林将队伍拉起之后，战士们摩拳擦掌，斗志昂扬。郑桂林首先选择了前卫车站。他率队乘黑摸到跟前，一阵手榴弹投出去，炸得日军人仰马翻后，又乘着夜色返回了。

敌人驻扎下来的当晚，郑桂林又是乘夜摸营。他们行动缜密，动作敏捷，一直摸到营房里，日军还在梦乡中。结果还是手榴弹开花，如愿以偿。“天狗司令”和他的义勇军的名声，在手榴弹的爆炸声中，立时震响了。从此，“天狗司令”的诨号越叫越响，越传越远……

日军攻占锦州后，日本关东军驻锦州司令部窃据了东北交通大学，并对当时的爱国志士进行残杀。

2015 年，是纪念中国人民抗日战争暨世界反法西斯战争胜利 70 周年。年初，我参与“辽宁抗日义勇军与《义勇军进行曲》”调研题目时，清晰可见校门旁的弹孔，揭示着当地的抗日组织多次在此进行激战。

1932 年 5 月，原东北军爱国将领宋九龄回到辽西家乡，建立起一支 6000 余人的抗日救国军，任总指挥，经常活动在锦、朝、义、兴、绥一带，到处打击日本侵略者。

1932 年农历十月二十五日夜间，宋九龄领导的抗日救国军兵分三路，攻打日军占领下的锦州北大营，并奇袭设在原东北交通大学的日军辎重。这次军事行动牵制了日本侵略者的军事力量，沉重打击了日军的嚣张气焰，在锦州乃至辽西抗日战争史上留下了光辉一页。

中国的正规军队虽然撤到关里去了，但日军每日里仍然遭到民众武装的抗击，甚至一日数惊。日军每前进一步，都要付出惨重的代价。

1932 年 6 月 30 日，张海天、项青山、顾冠军等部围攻盘山县城，俘获敌伪人员 30 余人。收复盘山县城后，项青山曾担任盘山县县长。据盘山义勇军所在的第二军团代理总指挥李纯华的回忆，第二路军项青山部和第三路军张海天部围攻盘山县，占领县城达七天之久。

7 月，张海天率部 2000 人，项青山率部 1500 人，会合各地义勇军及抗日队伍，大举向盘山进攻。队伍迅速包围了盘山。城内日军惊慌失措，急向城外滥发炮弹，盲目射击。城外当即发炮还击，双方炮战甚为激烈。伪县长孙咸熙急向省拍报：“县城危急万分，请速拨队来盘解救……”

日本人编纂的资料也有记载：“大同元年（1932 年）7 月 30 日，在县城外有 400 名匪贼来袭。警察队与日本军与之交战；大同元年（1932 年）7 月 31 日，县城被匪贼和义勇军袭击，互相发炮；大同元年（1932 年）8 月 2 日，午后 10 点匪贼来袭，进行交战……”

义勇军的连续几次进攻，城内伪军惊慌失措，向城外滥发炮弹，而义勇军也利用自己制造的土炮弹向城内还击。几天里，日伪军被打得蒙头转向，义勇军围攻几昼夜后主动撤出战斗。

2015 年 8 月，辽宁省档案馆举办“纪念中国人民抗日战争暨世界反法西斯战争胜利 70 周年主题展”。此次展览首次公布了 1932 年 7 月伪奉天省警备司令部对辽宁义勇军的调查表，当时全省义勇军共 89 路，总数达 8.5 万余人。档案记载，从 1931 年 11 月到 1938 年 4 月，东北人民击毙日本关东军 4425 人，打伤 7700 多人。这个数字在当时是惊人的，战果巨大。

在中华民族反抗外来侵略的历史上，从来没有像抗日战争这样，民族觉醒如此深刻，动员程度如此广泛，战斗意志如此顽强。一支队伍，便是一支利箭，呼啸着射向侵略者，令敌人胆战心惊；一番厮杀，便是一声炸响的惊雷，在国难当头的上空鸣聩，震撼着民族御辱的斗志。

尾　声

居安思危，常备不懈。——中国

否极泰来，乐极生悲。——日本

1945年8月15日，日本天皇通过广播发布了《停战诏书》。

9月2日，日本外相重光葵沿着美国战舰舷梯，艰难攀登上停在东京湾内的“密苏里”号。他在日军发动九一八事变后的四个月后，即一·二八事变中，在上海被炸掉一条腿。眼下重光葵拖着假肢，面对打开的黑色封面投降书，扫视日文和金绿色相间的英文文本后，在指定位置上代表日本天皇、政府及军队分别签署了名字，正式向同盟国投降。

中国作为反法西斯阵营的四强国之一，参与了敦促和接受日本投降的全过程，为世人瞩目。具有历史意义的“密苏里”舰受降仪式圆满完成，标志着第二次世界大战最终以法西斯主义国家的彻底失败，反法西斯主义国家的胜利而宣告结束。

历史沧桑，岁月沉思。

1995年8月，在纪念中国人民抗日战争暨世界反法西斯战争胜利50周年的重要时刻，柳条湖——日本发动九一八事变的地点，拔地而起一座九一八事变纪念馆。

1999年，在“九一八”残历碑的北面，由时任中共中央总书记江泽民题写馆名、经过两年紧张施工的“九一八”历史博物馆扩建工程完工，交付使用。

新馆陈列展览通过大量文物、史料及多种展示手段，反映了九一八事变后东北人民奋起抗争，在中国共产党领导下浴血奋战，最终取得抗战胜利的波澜壮阔的历史画卷。

当你步入这里时，你的眼前会再现历史上的一幕一幕，耳边会响起历史的轰鸣，正如国歌《义勇军进行曲》所唱到的：

中华民族到了最危险的时候，
每个人被迫着发出最后的吼声。

历史是无法忘记的。在“九一八”历史博物馆宽敞的广场西墙上，悬吊着一口铜钟。这口“警世钟”采用青铜铸造，声音洪亮。钟的正面铸有“勿忘国耻”四个大字，后面铸有记述九一八事变经过的文字。钟裙上铸有呐喊着的人物群像。

为了勿忘九一八事变，在这国耻之夜，沈阳按惯例鸣响防空警报三分钟。

夜幕低垂，人们从四面八方来到柳条湖，在“九一八”历史博物馆前的广场上，等到那凝重一刻的到来。

天色渐渐地黑了下来，就是在这黑色的夜晚，日本帝国主义发动了九一八事变，给中国人民，也给日本人民带来了灾难。

人们肃立在广场上，默默地追忆着中华民族在历史上承受过的耻辱。

凄厉的警报声响起来了，勿忘国耻，振兴中华。

1931 年 9 月 18 日，那阴谋里的爆炸，滴流血泪的岁月。

1945 年 8 月 15 日，那胜利里的鞭炮，擂响锣鼓的狂欢。

今天，铜钟撞击声在夜空回荡，整整 14 响。这是寓意从九一八事变到抗战胜利，中国人民抗日战争共经历了 14 年。这是屈辱的 14 年，也是抗争的 14 年，更是世世代代勿忘“九一八”的警示。

1931
9
月小
18
星期五
農曆
七
十三秋分

后　记

按惯例，一本书总要有一篇后记，记下作者的想法和心意。我在下面的采访记录，允作这一说明。

1999 年 7 月，我在办公室接受了日本朝日新闻社记者的采访。辽宁省外办部门陪同的翻译人员介绍后，我们的谈话就进入了主题。

问：赵先生对“九一八”的看法是什么？

我：我昨天刚从抚顺平顶山殉难同胞纪念馆回来，心情很不平静，你又来采访“九一八”。

我在馆里看到日本友人送上的成串“千纸鹤”，希望我们的谈话也会有吉祥的祝愿。

毛泽东同志 1945 年就在《论联合政府》中谈到：“中国人民的抗日战争，是在曲折的道路上发展起来的。这个战争，还是在 1931 年就开始了。”

我从书架上拿出《毛泽东选集》，翻开这篇文章。当得知《论联合政府》发表于 1945 年 4 月后，她自语：（那时）天皇还没下（无条件投降的）诏书。

问：听介绍您很看重中国国歌的产生？

答：日本国歌是世界上最古老的国歌之一，也是歌词最短的国歌之一，只有四句。就在这场战争中，中国产生了《义勇军进行曲》。

随着翻译做着进行曲的动作，她立时唱起此曲的前奏。

问：您采访了那么多的义勇军，他们说的最精粹的话是什么？

答：我在《国歌的故事》书中，序曲、尾声都用到了《义勇军进行曲》。义勇军要说的话都在这里面。那是民族魂，抵抗外敌入侵，用血肉筑成的新的长城。

问：学校教国歌吗？讲不讲是怎样产生的？

答：要教，一个作品必然要讲它产生的背景，讲它的爱国主义。学校每天升旗，天安门广场也升旗。

问：唱国歌吗？你怎么想的？

答：庄严的集会都要唱。我个人忘不了《义勇军进行曲》和那场战争的关系背景。

德国总理到波兰犹太人纪念碑跪下。而日本前首相参拜靖国神社，里面的东条英机是刽子手。

她不知刽子手是什么意思。翻译比画着，她似乎明白了。要翻译在她的采访本上写下汉字。

她问：桥本到“九一八”残历碑，你也要他跪下吗？

答：我注重的不是形式，而是内容，要承认侵略。

问：有日本人说“九一八”解决了中国的军阀混战，你怎么看？

答：稍有常识的人都知道，张作霖1928年6月被日本关东军暗算身亡，张学良接替其父主政东北，这一年12月宣布易帜。没有九一八事变中国就实现了南北的统一。中国自己的事，无需别国用刺刀和铁蹄来平息。

也许我的直白，使她感到不安，很露着急的神色。

我笑答：我没说你，你是我的客人。我回答你的问话。

她也笑了，语言不通，笑意是相通的。

问：大陆与台湾史学界有接触吗？

答：有，我就有联系。

问：对“九一八”的看法呢？

答：“九一八”是侵略，这一点两岸看法相同。

问：张学良如果抵抗的话，会怎样？

答：当夜，东北军在东北还有十多万，还不包括民众的力量。关东军只有两万。南京政府如果抵抗的话，日军不会得逞。抗战胜利，就说明了这一点。

问：你对中日关系怎么看？

答：中日两国友好邻邦“一衣带水”，中国珍视两国关系，1972年建交中国没有提“赔偿”，就是原因之一。但从甲午战争开始，仅旅顺赎回，中国就花了3000万两白银。日本今天的发展，有中国的血汗。换个角度说，你怎么想？

她回答：不用换我就会想到。

她对我的采访，我在上面已说明，代表着我写作本书的初衷。

本来到此算结束了，但这里不能不提到水野明先生。他是日本爱知学院教授、文学博士。我们通过对张学良研究结识多年。在议论九一八事变话题中，我谈到接受日本记者采访的情况。

2001年，水野明先生应邀参加“勿忘‘九一八’国际学术研究论坛”时，送给我一套自己多年收藏的原始资料。

我得到这份珍贵资料后，请吴利薇翻译，她是辽宁省图书馆副研究馆员。请她的姑姑吴素英审校。吴素英出生在日本东京，青年时期是在日本度过的。

促使《“九一八”全记录》最终完稿，竟有一段意想不到的插曲。

2004年7月，我和同事高平原到西北收集史料时，不幸患脑梗塞，诊断为“失语”。幸好得到当地朋友的关照和护理，之后单位及时将我接回沈阳治疗。我因祸得福，在万卷出版公司真情相扶下，得以潜心撰著完成本书。一方面，不辜负朋友们的关注；另一方面，当年曾承诺完成交托。

葫芦岛市历史学会副会长张恺新，虽说生于1980年，但在学术研究中心思聪颖、见解独到，在我需求时应邀审定了书稿。

感谢在治疗和康复的过程中，医生姜仁海、冯景昌、于维东、王铁铮、于跃飞等众多友人的关心和帮助，我终生难忘。

赵 杰

2005年7月26日于沈阳

2020年2月改订

新版后记

2001年，日本爱知学院教授水野明先生应邀参加“勿忘‘九一八’国际学术研究论坛”时，送给我一套收藏数十年的原始资料，即日本《大阪朝日新闻》号外。我如获至宝。此号外，记录了日本关东军自1931年9月18日至1932年1月3日侵占中国东北的全过程。无论对历史记载还是九一八事变的研究，都有重要的史料价值。借助这套珍贵资料，我编著了《“九一八”全记录》一书。

诚如胡玉海教授在第一版序中写到的:“特别是这部《‘九一八’全记录》，是他于去年7月间，到西北收集史料时突然患脑梗塞，医院诊断‘失语’后，在治疗恢复期间完成的。他在住院期间，我偕夫人去看他，发现这位谈吐如流、机智幽默的大师，交谈只能靠辅笔墨写来帮助才能完成。”

胡教授谈到的7月间，时在2004年。《“九一八”全记录》于2005年9月初版问世，适逢中国人民抗日战争暨世界反法西斯战争胜利60周年。在沈阳北方图书城举办该书首发式时，辽宁电视台记者要我谈一谈写作和出版的体会。我想强调，这套《大阪朝日新闻》号外白纸黑字，拓留下日本发动九一八事变的历史，可谓是罪证的自白和写真。可惜当年却心有余而口不能，痛哉！

初版问世至今，心愿不泯。“失语”逐渐康复，有心心相印的朋友们的鼓励与催促，结合多方组织的国内、国际学术交流、研讨会，我先后发表了《张扬的自白》《武力的弦熠》《露骨的宣言》《锦州入城自白的生命线》《侵占锦州的历史自白》《写真锦州“三防” 凸显张学良心路》等多篇解读《大阪朝日新闻》号外的文章。“让历史说话，用史实发言”，宏观和微观细节结合，揭示和表达历史本质，这是我一直坚持的研究和写作态度。

中国文史出版社的王文运与我，因政协文史工作相识，交往十余载。他一直关心我的康复，同时也关注着我的写作和研究。2015年，为纪念中国人民抗日战争暨世界反法西斯战争胜利70周年，他提出希望再版《“九一八”全记录》一书，以扩大读者受众面，为“九一八”事变研究提供新的视角和参考。强调学术品位，突出问题意识，倡导理论创新，这是新版的期望。

“九一八”历史博物馆馆长范丽红，毕业后就从事张学良和九一八事变研究，时有二十多载。她欣然为新版作序，我珍视这种友情和支持。她在序言中写道：“回望历史是为了更好地面向未来。当今世界，战争硝烟虽已散去，但危险仍在。坚定地守望历史，正确地书写历史是每一位史学工作者的神圣职责。因为，忘记耻辱，耻将不远，辱将即来！”这，也是我的自勉。

赵　杰

2020年2月于沈阳